UTB 2253

Eine Arbeitsgemeinschaft der Verlage

Böhlau Verlag · Köln · Weimar · Wien
Verlag Barbara Budrich · Opladen · Farmington Hills
facultas.wuv · Wien
Wilhelm Fink · München
A. Francke Verlag · Tübingen und Basel
Haupt Verlag Bern · Stuttgart · Wien
Julius Klinkhardt Verlagsbuchhandlung · Bad Heilbrunn
Lucius & Lucius Verlagsgesellschaft · Stuttgart
Mohr Siebeck · Tübingen
C. F. Müller Verlag · Heidelberg
Orell Füssli Verlag · Zürich
Verlag Recht und Wirtschaft · Frankfurt am Main
Ernst Reinhardt Verlag · München · Basel
Ferdinand Schöningh · Paderborn · München · Wien · Zürich
Eugen Ulmer Verlag · Stuttgart
UVK Verlagsgesellschaft · Konstanz
Vandenhoeck & Ruprecht · Göttingen
vdf Hochschulverlag AG an der ETH Zürich

Johannes Singer

Mittelhochdeutscher Grundwortschatz

auf der Grundlage der von R.A. Boggs erstellten lemmatisierten Konkordanz zum Gesamtwerk Hartmanns von Aue sowie der von F.H. Bäuml erstellten Konkordanz zum Nibelungenlied und des von R.-M.S. Heffner erstellten Wortindex zu den Gedichten Walthers von der Vogelweide

3., völlig neubearbeitete und erweiterte Auflage

Ferdinand Schöningh
Paderborn · München · Wien · Zürich

Bibliografische Information der Deutschen Nationalbibliothek

Die Deutsche Nationalbibliothek verzeichnet diese Publikation in der
Deutschen Nationalbibliografie; detaillierte bibliografische Daten sind im
Internet über http://dnb.d-nb.de abrufbar.

Gedruckt auf umweltfreundlichem, chlorfrei gebleichtem und alterungsbe-
ständigem Papier ⊗ ISO 9706

© 2001 Ferdinand Schöningh GmbH & Co. KG, Paderborn
(Verlag Ferdinand Schöningh GmbH & Co. KG, Jühenplatz 1,
D-33098 Paderborn)
Internet: www.schoeningh.de

ISBN 978-3-506-99466-0

Das Werk, einschließlich aller seiner Teile, ist urheberrechtlich geschützt.
Jede Verwertung außerhalb der engen Grenzen des Urheberrechtsgesetzes
ist ohne Zustimmung des Verlages unzulässig und strafbar. Das gilt insbe-
sondere für Vervielfältigungen, Mikroverfilmungen und die Einspeicherung
und Verarbeitung in elektronischen Systemen.

Printed in Germany.
Herstellung: Ferdinand Schöningh, Paderborn
Einbandgestaltung: Atelier Reichert, Stuttgart

UTB-Bestellnummer: ISBN 978-3-8252-2253-6

Inhalt

Vorwort

Vorbemerkung

Erster Teil: Grundwortschatz

I. Hinweise für den Benutzer des Grundwortschatzes
   1. Häufigkeitsgruppen und alphabetisches Verzeichnis...........1
   2. Lernschritte...2
   3. Lemmatisierung und lexikalische Mehrdeutigkeit..............3
   4. Zu den Fällen lexikalischer Homonymie.....................4
   5. Zur Charakteristik der Lemmata................................ 5

II. Tabellarische Übersichten
   1. Übersicht über die Subklassen der starken Verben........... 11
   2. Alphabetische Liste der im Grundwortschatz
      erfaßten starken Verben...................................... 12
   3. Alphabetische Liste der 'unregelmäßigen' Verben............ 13

III. Verzeichnis der Abkürzungen und Sonderzeichen
   1. Abkürzungen... 15
   2. Sonderzeichen.. 17

IV. Der Grundwortschatz in 10 Häufigkeitsgruppen

   Häufigkeitsgruppe 1...19
   Häufigkeitsgruppe 2...31
   Häufigkeitsgruppe 3...43
   Häufigkeitsgruppe 4...53
   Häufigkeitsgruppe 5...63
   Häufigkeitsgruppe 6...75
   Häufigkeitsgruppe 7...89
   Häufigkeitsgruppe 8... 103
   Häufigkeitsgruppe 9... 115
   Häufigkeitsgruppe 10...131

VI Inhalt

Zweiter Teil: Hinweise zur mhd. Grammatik

I. Zur Lautentwicklung des Mhd. zum Nhd.:
Regeln der Rekonstruktion mhd. Zeichenformen............145

II. Wortklassen..146
   1. Die Wortklasse der Pronomina............................147
   2. Die Wortklasse der Artikelwörter............................147
   3. Die Wortklassen der Adverbien, Partikeln und
      Modalwörter..148
   4. Die Wortklasse der Satzäquivalente........................150
   5. Die Wortklasse der Negationswörter......................151

III. Strukturen grammatischer Morpheme..........................151

IV. Zur morphologischen Struktur veränderbarer Wörter..........152

V. Zur Wortbildung: Strukturen
   und grammatische Morpheme in der Wortbildung..............153

VI. Hinweise zur morphologischen Klassifikation der Verben:
   1. Die Klassen der starken Verben............................155
   2. Die Klassen der schwachen Verben........................155
   3. Die Klasse der 'unregelmäßigen' Verben....................156

VII. Der Infinitiv als Nomen actionis
   und als substantivierter Infinitiv (sog. Gerundium)............156

VIII. Einleitungswörter subordinierter Sätze........................157
   1. Konjunktionen als Einleitungswörter
      von Konjunktionalsätzen....................................158
   2. 'Relativa' als Einleitungswörter von Relativsätzen..........158
   3. 'Interrogativa' als Einleitungswörter
      von indirekten Fragesätzen................................159

IX. Zur rezeptiven Verarbeitung von Sätzen
   von der Valenz des finiten Verbs aus............................159

Dritter Teil

I. Literaturverzeichnis...163

II. Alphabetisches Verzeichnis der in den Grundwortschatz
   aufgenommenen Leitlemmata...................................165

Vorwort

Die vorliegende Ausgabe des "Grundwortschatzes" weist gegenüber den früheren Ausgaben eine Reihe von Veränderungen auf.

So sind die Hinweise zur Benutzung überarbeitet und der Anhang (nunmehr „Hinweise zur mittelhochdeutschen Grammatik") neu konzipiert worden.

Der "Grundwortschatz" enthält jetzt Belege zu allen Lemmata. Die Klassifikation der Wörter und die Bedeutungsangaben sind dadurch anschaulicher und leichter nachvollziehbar geworden. Der Umfang des Bandes hat sich dadurch erheblich vergrößert, was in der Weise kompensiert werden konnte, daß die Häufigkeitsgruppen 11 und 12 gestrichen worden sind. Der vorliegende Ausgabe enthält nunmehr 698 Leitlemmata, die auf 10 Häufigkeitsgruppen mit abnehmender Häufigkeit verteilt sind. Der praktische Nutzen eines ausschließlich auf der Basis der Häufigkeit, also quantitativ definierten Grundwortschatzes dürfte vor allem darin liegen, daß der Anfänger das für das Verstehen von mittelhochdeutschen Texten erforderliche lexikalische Wissen in einer (systematischen) Form erwerben kann, wie dies im Rahmen der Lektüre mittelhochdeutscher Texte oder mit Hilfe eines herkömmlichen Wörterbuches nicht möglich ist.

Die Form der Lexikoneinträge ist völlig neugestaltet worden und dürfte jetzt an Übersichtlichkeit erheblich gewonnen haben. Die hier verwendeten Wortklassen werden zwar strengen syntaktischen Klassifikationsregeln nicht immer gerecht, weisen aber dafür den Vorteil einer größeren Benutzerfreundlichkeit auf. In der Form der Bedeutungsangaben folgt der "Grundwortschatz" der auch sonst üblichen Praxis der synonymischen Paraphrase; die grundsätzlichen Einwände gegen diese Form der semantischen Beschreibung lexikalischer Einheiten wären also auch hier zu erheben. Die vom Standpunkt des heutigen Deutsch aus nicht immer eindeutig durchzuführende Kategorisierung der Wörter als 'Vokabelfälle', 'semantische Fallen' oder 'erschließbare Wörter' ist beibehalten worden. Sie wird für den Benutzer von Vorteil sein, insofern sie seinen Blick auf die schwierigeren Wörter lenkt. Dem Leser dürfte nämlich etwa nur die Hälfte der in den Grundwortschatz aufgenommenen Wörter keine Schwierigkeiten bereiten, auch wenn er über ein breiteres lexikalisches Wissen des heutigen Deutsch verfügt. Mit Blick auf den Wortschatz des heutigen Deutsch sind also diese Wörter, auch wenn sie nach dem Kriterium der Häufigkeit in den "Grundwortschatz" aufzunehmen waren, keine lexikalisch schwierigen Wörter. Sie werden in den Häufigkeitsgruppen deshalb als 'erschließbare Wörter' kategorisiert, graphisch nicht gekennzeichnet und von den Wörtern unterschieden, die als 'Vokabelfälle' oder als 'semantische Fallen' ge-

VIII   Vorwort

kennzeichnet werden, weil sie zu den schwierigeren Wörtern zählen und deshalb die vermehrte Aufmerksamkeit des Benutzers beanspruchen sollten.

Die Hinweise zur mhd. Grammatik bleiben auf die Mitteilung einiger zentraler Daten zur mittelhochdeutschen Grammatik beschränkt. Sie können und sollen eine Grammatik der mittelhochdeutschen Sprache nicht ersetzen. Wir verweisen in diesem Zusammenhang auf die einschlägigen Grammatiken, nicht zuletzt auf die Mittelhochdeutsche Grammatik von H. Paul, die nunmehr in der 24. Auflage (Tübingen 1998), überarbeitet von P. Wiehl und S. Grosse, vorliegt.

Bochum, im Dezember 2000

J. S.

Vorbemerkung

Hartman der Ouwære   der aventiure meine!
ahi, wie der diu mære   wie luter und wie reine
beid uzen unde innen   siniu cristallinen wortelin
mit worten und mit sinnen   beidiu sint und iemer müezen sin!
durchverwet und durchzieret!
wie er mit rede figieret
(Gottfried von Straßburg: Tristan und Isold 4621-4630)

Man kann wohl davon ausgehen, daß der Leser oder auch der Studienanfänger, wenn er zum ersten Mal einen mittelhochdeutschen Text in
die Hand nimmt, diesen Text zunächst einmal verstehen möchte - abgesehen davon, daß von dem angehenden Germanisten noch außerdem
erwartet wird, daß er die ihm im Rahmen des Studiums der Germanistik zu vermittelnde 'Lektürefähigkeit' auch in einer Übersetzung des
Textes unter Beweis stellen kann. Denn im allgemeinen ist ein eher
theoretisches Interesse - wie etwa das Interesse am grammatischen Sy-
stem der mittelhochdeutschen Sprache oder an der Stellung des Mittelhochdeutschen in der Sprachgeschichte des Deutschen - weniger dominant als eine 'inhaltliche', primär auf den Aussagehalt der Texte ausgerichtete Freude am Lesen - und diese dürfte deshalb zumindest aus
der Sicht des Lesers wohl auch als die natürliche Form des rezeptiven
Sprachverhaltens zu gelten haben.
Als Grundlage des Verstehens in einem rezeptionsspezifischen Sinne
wird heute das sprachliche Wissen angesehen, ferner - neben dem lau-
fenden Kontextwissen - ein nicht-sprachliches Wissen des Rezipienten,
das man als Welt- und Erfahrungswissen bezeichnet. Die wichtigsten
Komponenten des sprachlichen Wissens bilden das grammatische Wissen (das die Kenntnis phonologischer, morphologischer, syntaktischer
und semantischer Eigenschaften sprachlicher Ausdrücke einschließt
und das den Gegenstand einer Grammatik ausmacht) sowie das lexikalische Wissen.
Der Erwerb eines lexikalischen Wissens des Mittelhochdeutschen (das
Lernen von Vokabeln also) ist für den Studienanfänger somit eine un-
umgängliche, wenn auch oft als lästig empfundene Aufgabe. Sie wird
nicht zuletzt mit Blick auf den derzeitigen Stellenwert des Mittelhochdeutschen in den Studiengängen der Germanistik nur einzufordern
sein, wenn dieses Wissen auf ein lexikalisches Grundwissen beschränkt bleibt. Der Erwerb eines solchen Grundwissens am Leitfaden
der Lektüre mittelhochdeutscher Texte allein ist vermutlich insofern ein
schwierigeres Geschäft, als es gleichsam blind betrieben wird, d.h.
ohne Kenntnis darüber, welche Wörter tatsächlich zum lexikalischen
Grundwissen zu zählen sind. Wenn man dagegen von einem nach dem

X Vorbemerkung

Kriterium der Häufigkeit erstellten Grundwortschatz ausgeht, dann wird der Erwerb des lexikalischen Grundwissens wesentlich erleichtert. Untersuchungen zur Häufigkeit des Auftretens von Wörtern zeigen nämlich, daß ein relativ kleiner Wortschatz einen hohen Anteil am Gesamtwortschatz einer Sprache ausmacht. Ein nach dem Kriterium der Häufigkeit ermittelter Wortschatz wäre somit ein nützliches Hilfsmittel beim Erwerb eines lexikalischen Grundwissens. Dieses Hilfsmittel wird hier in Form eines "Grundwortschatzes" vorgestellt.

Der vorliegende "Grundwortschatz" ist auf der Basis einer lemmatisierten Konkordanz zum Gesamtwerk Hartmanns ermittelt worden. Berücksichtigt wurden außerdem das Nibelungenlied sowie die Lieder Walthers von der Vogelweide. Streng genommen, bildet der vorliegende Grundwortschatz also nur den Wortschatz dieser Texte ab (wobei den Texten Hartmanns das bei weitem größte Gewicht zugefallen ist); er repräsentiert deshalb nur bedingt das lexikalische Grundwissen der 'klassischen' Sprachform literarischer Texte um 1200. Zur Rechtfertigung der getroffenen Auswahl des Textkorpus sowie der Präferenz der Texte Hartmanns wäre aber anzuführen, daß mit den epischen Texten Hartmanns, mit dem Nibelungenlied und mit den Liedern Walthers Texte herangezogen worden sind, die als repräsentative Zeugen der Epik und Lyrik um 1200 gelten (Paul 1998: § 11). Ferner trägt die stärkere Gewichtung der Texte Hartmanns der Beobachtung Rechnung, daß das Textkorpus Hartmanns gegenüber dem des Nibelungenliedes und vor allem gegenüber dem Walthers den mit Abstand geringsten Anteil an Einzelbelegen enthält, d.h. Wörter, die nur in einem der drei Textkorpora auftreten. So ist die Zahl der Einzelbelege im Nibelungenlied (wohl bedingt durch die unterschiedlichen Traditionen von Artus'roman' und Heldenepik) etwa 100% höher als bei Hartmann, in den Liedern Walthers sogar (wohl gattungsspezifisch bedingt) etwa 675% höher als bei Hartmann. Der Wortschatz der Texte Hartmanns dürfte demnach in besonderer Weise geeignet sein, einen repräsentativen Grundwortschatz literarischer Texte um 1200 zu ermitteln.

Wie schon oben angesprochen worden ist, erfolgte die Auswahl der in den Grundwortschatz aufgenommenen Wörter nach dem Kriterium der Häufigkeit, also ausschließlich quantitativ, um dem Benutzer den raschen Erwerb lexikalischer Grundkenntnisse zu ermöglichen. Dieser wird zusätzlich erleichtert durch die Hervorhebung der beim Vokabellernen in erster Linie zu beachtenden 'Vokabelfälle' und 'semantischen Fallen'.

Der Verfasser hofft, mit dem vorliegenden Grundwortschatz allen Interessierten ein nützliches Arbeitsmittel an die Hand zu geben und so, wenn auch auf bescheidene Weise, dazu beizutragen, die Kenntnis der mittelhochdeutschen Literatur zu fördern.

Erster Teil:
Grundwortschatz

I. Hinweise für den Benutzer des Grundwortschatzes

Der praktische Nutzen eines ausschließlich auf der Basis der Häufigkeit, also quantitativ definierten Grundwortschatzes (GWS) dürfte für den Anfänger vor allem darin liegen, daß er das für das Verstehen von sprachlichen Ausdrücken erforderliche lexikalische Wissen in einer (systematischen) Form erwerben kann, wie dies im Rahmen der Lektüre mittelhochdeutscher (mhd.) Texte nicht möglich ist.

1. Auswahl der Lemmata, Häufigkeitsgruppen und alphabetisches Verzeichnis

Der GWS ist auf der Grundlage des ersten Bandes einer von R.A. Boggs erstellten lemmatisierten Konkordanz zum Gesamtwerk Hartmanns von Aue (KTO Press Nendeln 1979) sowie der von F.H. Bäuml erstellten Konkordanz zum Nibelungenlied (Leeds 1976) und des von R.-M.S. Heffner erstellten Wortindex zu den Gedichten Walthers von der Vogelweide (The University of Wisconsin Press 1950) ermittelt worden. Der Wortschatz der drei Textkorpora, die dem GWS zugrunde gelegt wurden, umfaßt 230.000 Wörter, davon entfallen auf die Texte Hartmanns von Aue 120.300 Wörter, auf das Nibelungenlied 81.700 Wörter und auf die Texte Walthers von der Vogelweide 28.000 Wörter. Der GWS umfaßt 698 Leitlemmata (1042 Lemmata) und macht ungefähr 90 % des Gesamtwortschatzes der ausgewerteten Texte aus. Alleiniges Kriterium für die Auswahl der Leitlemmata war die Häufigkeit des Vorkommens der Wörter in den Epen Hartmanns von Aue (Ha.), den Liedern Walthers von der Vogelweide (Wa.) sowie im Nibelungenlied (Nib.). Die Zuordnung der Leitlemmata zu den Häufigkeitsgruppen (HG) ist grundsätzlich nach ihrer Häufigkeit in Ha. vorgenommen worden: Wörter, die in Wa. und Nib. vorkommen (und außerdem noch in Ha.), können also einer HG zugeordnet worden sein, die nicht mit ihrer Häufigkeit in Wa. oder Nib. korrespondiert. Wörter, die nur in Wa. und/oder Nib. (und nicht in Ha.) vorkommen, werden der HG zugeordnet, die sich aus der Häufigkeit der Wörter in Wa. und/oder Nib. ergibt.

Der GWS ist in 10 Wortgruppen mit abnehmender Häufigkeit aufgeteilt. So umfaßt die 1. Häufigkeitsgruppe z.B. 40 Leitlemmata, die bei einer Häufigkeit von 501 und mehr in Ha. 58.60 % des Wortschatzes von Ha. ausmachen. Im Vergleich dazu umfaßt die 10. Häufigkeits-

2 Hinweise für den Benutzer

gruppe 92 Leitlemmata. Sie weisen eine Häufigkeit von 25-23 in Ha. und/oder 17-14 in Nib. bzw. 5 in Wa. auf (die Zahlen für Wa. und Nib. ergeben sich aus der Hochrechnung ihrer relativen Häufigkeit auf der Grundlage der Wortzahl von Ha.). Der Anteil der Wörter dieser HG am Wortschatz von Ha. beträgt 0.83%.

Die Kategorisierung der in den GWS aufgenommenen und den Leitlemmata zugeordneten Lemmata aus der Sicht des Benutzers führt zu einer Einteilung in drei Gruppen. Die erste, weitaus größte Gruppe (ihr Anteil am GWS des Mhd. macht 51% aus) besteht aus Lemmata, die bereits zum lexikalischen Wissen des Benutzers gehören, insofern er über ein breiteres lexikalisches Wissen des heutigen Deutsch verfügt oder vom heutigen Deutsch aus die Zeichenform dieser Lemmata rekonstruieren kann (s. dazu die Regeln der Rekonstruktion mhd. Zeichenformen vom heutigen Deutsch aus auf S. 145). Es sind dies die Wörter und lexikalisierten Einheiten, die im allgemeinen keine lexikalischen Schwierigkeiten bereiten und hier 'erschließbare Wörter' genannt werden, die aber gleichwohl in den GWS aufzunehmen waren, da ihre detaillierte syntaktisch orientierte Klassifizierung die grammatische Analyse wesentlich erleichtert. Die zweite Gruppe wird gebildet von Wörtern und lexikalisierten Einheiten, deren Zeichenform der Leser mit Hilfe seines sprachlichen Wissens nicht oder nur schwer rekonstruieren kann ('Vokabelfälle'). Der Anteil dieser nicht oder nur bei breiterer Kenntnis der lautgeschichtlichen Entwicklung des Mhd. zum heutigen Deutsch rekonstruierbaren Fälle liegt bei 20.6%. Die dritte Gruppe schließlich enthält Wörter und lexikalisierte Einheiten, die ihrer Zeichenform nach den 'erschließbaren Wörtern' zuzuordnen wären, im heutigen Deutsch aber einen stärker abweichenden Zeicheninhalt aufweisen und gerade den Anfänger leicht zu Mißverständnissen verleiten können ('semantische Fallen'). Diese Gruppe hat einen Anteil am GWS von 28.4%.

Mit Hilfe des alphabetischen Verzeichnisses der in den GWS aufgenommenen Wörter läßt sich bequem feststellen, welche Wörter zum GWS gehören und welcher HG sie zugeordnet worden sind.

2. Lernschritte

Der Benutzer wird sich beim Erwerb des lexikalischen Wissens wohl am Kriterium der Häufigkeit der Wörter orientieren, also mit dem 'Vokabellernen' bei der HG 1 beginnen. In welchem Umfang er sein lexikalisches Grundwissen des Mhd. erweitern will, bleibt natürlich ihm überlassen, viel weniger als das in den zehn HG präsentierte Grundwissen sollte es aber nicht sein.

Zu empfehlen wäre aber auch, mit den Wörtern zu beginnen, denen bei der grammatischen Analyse eine Schlüsselrolle zufällt, da sie für den Aufbau der morpho-syntaktischen Struktur syntaktischer Konstruktio-

nen unter Einschluß des Satzes zentral sind. Zu diesen Wörtern gehören vor allem Verben; denn das Verb ist als strukturelles Zentrum des
Satzes anzusehen, insofern es auf Grund seiner Eigenschaft der syntaktischen Valenz den kategorialen Rahmen des Prädikats festlegt und
dem grammatischen Subjekt zugeordnet ist. Zu diesen Wörtern gehören
ferner Wörter, die in der Funktion von 'Fügewörtern' oder 'Brücken-
gliedern' auftreten (wie z.B. Präpositionen, Konjunktionen und sog.
Konjunktionaladverbien), und schließlich Modalwörter, die als Stel-
lungnahmen des Sprechers zum Gegenstand der sprachlichen Äuße-
rung zwar im Satz auftreten, aber außerhalb des eigentlichen Satzinhalts
stehen.

3. Lemmatisierung
und lexikalische Mehrdeutigkeit

Abgesehen von dem nur enklitisch oder proklitisch auftretenden Negationswort <en>, sind in den GWS nur Wörter im Sinne freier lexikalischer Einheiten aufgenommen worden, nicht aber grammatische Morpheme, die nur in komplexen morphologischen Strukturen flektierter
Wörter oder in Wortbildungskonstruktionen auftreten.
Für die Zuordnung von Wörtern zu einem Lemma gilt:
  - Wörter mit identischer Zeichenform (Homonyme in einem weiten
  Sinne, auch Fälle graphischer Homonymie) werden einem Leitlemma zugeordnet;
  - die Differenzierung der Homonyme wird innerhalb des Lexikoneintrags zum Leitlemma vorgenommen. So werden z.B. dem Lemma <zemen> sowohl das starke Verb zëmen ('geziemen') als auch
  das schwache Verb zemen ('zähmen') zugeordnet, dem Lemma
  <alsô, als(e)> die Partikel alsô, als(e) ('so'), ferner die Präposition
  als ('wie') und die Konjunktion als ('wie, wenn, während, weil');
  - Wörter im reinen Kasus oder im präpositionalen Kasus werden
  der Zitierform zugeordnet, z.B. das Adverb des/eines tages dem
  Lemma <tac, tag-> oder das Modalwort zewâre dem Lemma
  <wâr>;
  - Fälle der mit keinem Vokalwechsel verbundenen Ableitung eines
  Adverbs aus einem Adjektiv werden dem Adjektiv zugeordnet, z.B.
  das Adverb rehte dem Lemma <reht(e)>; das Adverb vaste (Adj.
  veste) dagegen bildet ein eigenes Lemma.
Die Lemmata werden in Anlehnung an die in kritischen Ausgaben
mhd. Texte übliche Schreibform wiedergegeben. Diese Schreibform
folgt der von Karl Lachmann begründeten textkritischen Tradition
einer geregelten Graphie des sog. Normalmittelhochdeutschen (Paul
1998: § 11). Sie ist die Schreibform, in der Studienanfänger mhd.
Texte im allgemeinen zunächst kennenlernen. Varianten der Graphie
eines Wortes werden zu einer Schreibform zusammengefaßt. Hin-

4 Hinweise für den Benutzer

weise auf Schreibvarianten betreffen die Fälle, die auf die sog. Auslautverhärtung (<tôt, tod->), auf den Einfluß des Satztons (<zuo, ze>, <herre, her>) oder auf die Tilgung eines nebentonigen <e> (<unde, und>) zurückzuführen sind. Schreibungen von unbetontem <e> durch <i> wie z.B. <künec, künic> (Paul 1998: § 59.3) werden nur partiell berücksichtigt

Die wichtigsten Varianten von Schriftzeichen (Allographen) sind, soweit sie in kritischen Ausgaben belegt sind, in der folgenden Übersicht aufgelistet:

Schriftzeichen im GWS		Allographen in der normalisierten Graphie kritischer Ausgaben
Vokale		
<â>	(gâbe)	<â, a>
<e>	(erde, veste)	<ë>, <e, ä>
<ei>	(weise)	<ei, ai>
<eu>	(vreude)	<öu, eu, öi, oy>
<î>	(sîn)	<î, i>
<iu>	(triuwe)	<iu, i [vor w]>
<ô>	(hôren)	<ô, o>
<ou>	(vrouwe)	<ou, o [vor w]>
<û>	(hûs)	<û, u>
Konsonanten		
<c>	(mac)	<c, k>
<ch>	(durch)	<ch, h>
<ck>	(dicke)	<ck, kk>
<h>	(ahten)	<h, ch>
<k>	(klagen)	<k, c>
<pf>	(pflegen)	<pf, ph>
<qu>	(quicken)	<qu, qw>
<tz>	(sitzen)	<tz, zz, z>
<v>	(vluochen)	<v, f>

4. Zu den Fällen lexikalischer Homonymie

Fälle lautlicher oder graphischer Homonymie können gerade dem Anfänger oft Schwierigkeiten bereiten. Es handelt sich dabei um die Fälle, in denen mit der Zeichenform eines Wortes mehrere Bedeutungen im Sinne unterschiedlicher Zeicheninhalte von Wörtern in einer Weise verbunden sind, daß nicht von einem Wort, sondern in solchen Fällen von mehreren Wörtern auszugehen ist. Als Fälle lexikalischer Mehrdeutigkeit sind auch die Wörter anzusehen, deren Bedeutungen zwar auf eine Grundbedeutung zurückgeführt werden können, die aber vom Standpunkt der Sprachstufe aus gesehen, der sie angehören, unterschiedliche

Bedeutungen aufweisen (Polysemie). Zu den sprachlichen Ursachen der Homonymie gehört der sprachgeschichtlich bedingte Zusammenfall von Zeichenformen. Im Mhd. hat dies zu einer Vielzahl von Homonymen geführt, ohne daß etwa - wie im heutigen Deutsch (vgl. z.B. <mehr> und <Meer>) - durch lautliche oder graphische Differenzierung der Gefahr homonymiebedingter Mißverständnisse entgegengewirkt wurde. Der Leser mhd. Texte sieht sich daher oft mit Fällen lautlicher oder graphischer Homonymie konfrontiert. Auf Grund dieser Tatsache und auch der Vermutung, daß die Kenntnis sprachgeschichtlicher Zusammenhänge im allgemeinen nicht zur sprachlichen Kompetenz des Lesers gehört und auch nicht zu klären ist, ob und wie weit bei einer Interpretation der Mehrdeutigkeit von Wörtern auf eine historische Rekonstruktion der Ausdrucksseite zurückzugreifen ist, scheint eine synchron ausgerichtete und auf die praktischen Bedürfnisse des Lesers Rücksicht nehmende Behandlung der Probleme der lexikalischen Mehrdeutigkeit angezeigt. Die Unterscheidung von Fällen graphischer und/oder lautlicher Homonymie (wie z.B. von <zëmen> und <zemen> gegenüber <zemen>) oder die Unterscheidung homonymer und polysemer Ausdrücke (wie z.B. des Pronomens <wër> ['wer'] von dem Substantiv <wër> ['Mann' wie in wër-gelt] oder von dem Substantiv <wër> ['Dauer']) wird deshalb bei der Abgrenzung der Lemmata insofern aufgegeben, als homonyme Ausdrücke zunächst einem Leitlemma zugeordnet und dann innerhalb des Lexikoneintrags zu diesem Leitlemma differenziert werden.

5. Zur Charakteristik der Lemmata

Die Charakteristik der Lemmata in ihren morphologischen, syntaktischen und semantischen Eigenschaften bleibt hinter den Forderungen zurück, die an sie auch im Hinblick auf die syntaktische und semantische Analyse sprachlicher Ausdrücke zu stellen wären, sie ist also insofern gerade im Hinblick auf die Rolle defizitär, die diesen Eigenschaften als einer Nahtstelle formaler und inhaltlicher Strukturbildung bei der Rezeption komplexerer sprachlicher Ausdrücke zufällt. So kann der Rezipient bei der Verarbeitung eines Satzes einerseits von den morphologischen und syntaktischen Eigenschaften der im Satz auftretenden Wörter ausgehen und die morpho-syntaktische Struktur des Satzes als Reflex dieser Eigenschaften rekonstruieren (grammatisches, d.h. an morpho-syntaktischen Satzmodellen orientiertes Prinzip), andererseits kann er, von den semantischen Eigenschaften der Wörter ausgehend, 'inhaltliche Blöcke' im Sinne semantisch kompatibler Einheiten unterschiedlicher Komplexität aufbauen und so die Bedeutungsstruktur des Satzes von einer dominant semantischen Grundlage aus rekonstruieren (inhaltliches, d.h. an semantischen Satzmodellen orientiertes Prinzip).

6   Hinweise für den Benutzer

Die Beschreibung phonologischer Eigenschaften der Wörter

Die Beschreibung der phonologischen Eigenschaften der Wörter dient in erster Linie der Worterkennung. Diese Eigenschaften und ihre graphemische Repräsentation werden zusammen mit der Lemmatisierung erfaßt (s. dazu oben die Übersicht zu den Varianten der Schriftzeichen).

Die Beschreibung morphologischer Eigenschaften der Wörter

Die Beschreibung morphologischer Eigenschaften der Wörter bleibt im wesentlichen beschränkt auf die Angabe der morphologischen Klasse der Verben sowie auf Hinweise zu den Besonderheiten der Formenbildung. Verben werden hier morphologisch als 'starke Verben' (mit den Subklassen I-VII), als 'schwache Verben' (mit den Subklassen 'schwache Verben mit Rückumlaut' und 'schwache Verben ohne Rückumlaut') und, abweichend von der historisch orientierten Klassifikation in den einschlägigen Grammatiken und Wörterbüchern des Mhd., aus der Sicht des Mhd. als 'unregelmäßige Verben' klassifiziert (zu Einzelheiten der Klassifikation s. unten S. 154; s. dazu ferner die tabellarische Übersicht zu den Subklassen der starken Verben sowie die Liste der häufiger auftretenden starken Verben und die der 'unregelmäßigen' Verben).

Hinweise auf die Formenbildung betreffen die Besonderheiten, die in den einschlägigen mhd. Grammatiken als Umlaut (U), Rückumlaut (RU), Grammatischer Wechsel (GW) oder als sog. Ersatzdehnung (ED) bezeichnet werden.

Die Beschreibung syntaktischer Eigenschaften der Wörter

Syntaktische Eigenschaften von Wörtern manifestieren sich vornehmlich in ihrer Zugehörigkeit zu syntaktisch ermittelten Wortklassen. Mit anderen Worten, Wörter weisen nicht auf Grund ihrer lexikalischen Eigenschaften, sondern als Elemente einer Wortklasse Eigenschaften auf, die als syntaktisch-kategoriale Eigenschaften die Beziehungen vorgeben, in denen sie in syntaktischen Konstruktionen (wie z.B. in einem Satz) auftreten bzw. zu anderen Wörtern oder Wortgruppen stehen können. Diese Beziehungen werden also allein durch die syntaktisch-kategorialen Eigenschaften der Wörter festgelegt. Aus diesem Grunde gehört die Kenntnis dieser Eigenschaften (die Zugehörigkeit der Wörter zu einer syntaktisch ermittelten Wortklasse also) zu dem Grundwissen, das bei einer grammatisch gelenkten Analyse vorauszusetzen ist.

Der Klassifikation der Wörter im Rahmen dieses GWS liegt die nach syntaktischen Kriterien durchgeführte Wortklassifikation von Helbig/Buscha 1991 zugrunde, mit einer Ausnahme: Substantivische Pronomina werden aus der Wortklasse der Substantivwörter ausgegliedert und bilden hier eine eigene Wortklasse. Die Zuordnung von Wörtern zu syntaktisch ermittelten Wortklassen gilt als Grundlage der grammatischen Analyse von Satzstrukturen und war deshalb für die

Hinweise für den Benutzer   **7**

Charakteristik der Lemmata unverzichtbar (zu Einzelheiten der Klassifikation von Wörtern s. unten S. 146). Die Wörter des GWS werden den folgenden Wortklassen zugeordnet:

Verben (Vb.)	Präpositionen (Präp.)
Substantive (Sb.)	Konjunktionen (Konj.)
Pronomina (Pron.)	Partikeln (Part.)
Adjektive (Adj.)	Modalwörter (Mod.)
Adverbien (Adv.)	Negationswörter (Neg.)
Artikelwörter (Art.)	Satzäquivalente (Satzäqu.)

Eine über die morphologische Klassifikation hinausgehende syntaktische Charakteristik der <u>Verben</u> ist im GWS nicht durchgeführt worden. Unberücksichtigt geblieben ist daher u.a. auch eine Charakteristik von Verben, die von ihrer syntaktischen Eigenschaft der Valenz (und der mit ihr verbundenen Rektion) auszugehen hätte.

Die Kenntnis der Valenzeigenschaft der Verben gehört als sprachliches Wissen ohne Zweifel zu den zentralen Voraussetzungen für die Verarbeitung von Sätzen. Auf eine Vermittlung dieser Kenntnis mußte aber aus den folgenden Gründen verzichtet werden. Erstens wäre von einem noch unsicheren Kenntnisstand auszugehen gewesen. Zweitens hätte die Bereitstellung von Belegen (für oft unterschiedliche Valenzeigenschaften und die daraus resultierende Breite des Bedeutungsspektrums eines Verbs unverzichtbar) zu einer nicht zu vertretenden Vergrößerung des Textvolumens des GWS geführt. Und drittens schien uns der Verzicht insofern vertretbar, als die Kenntnis der Valenzeigenschaften (unter Einschluß der Rektion der Verben) primär für die Bildung grammatisch korrekter Sätze zwingend erforderlich ist; für die Analyse grammatisch korrekt gebildeter Sätze jedoch eher sekundär, obgleich von großem Nutzen (zu den analytischen Schritten bei der rezeptiven Verarbeitung von Sätzen von der Valenz des finiten Verbs aus s. unten S. 159).

Bei einer streng syntaktischen Klassifikation bilden <u>Substantive</u> keine eigene Wortklasse, sondern gehören auf Grund ihrer syntaktisch-kategorialen Eigenschaften zusammen mit den substantivischen Pronomina der Klasse der Substantivwörter an (Helbig/Buscha 1991: 229). Die im GWS als <u>Pronomina</u> klassifizierten Wörter gehören daher der Klasse der substantivischen Pronomina an; die übrigen Pronomina werden als sog. <u>Artikelwörter</u> (Helbig/Buscha 1991: 355) klassifiziert (zu Einzelheiten s. unten S. 147).

Aus der herkömmlichen Wortklasse der Adverbien, die Wörter mit unterschiedlichen morphologischen, syntaktischen und semantischen Eigenschaften enthält, werden hier Partikeln und Modalwörter ausgegliedert und nach Helbig/Buscha 1991 als eigene Wortklassen angesehen (zu Einzelheiten s. unten S. 148.). Als <u>Adverbien</u> gelten demnach nur die Wörter, die angeben, „unter welchen Umständen ein Sachverhalt

8 Hinweise für den Benutzer

existiert oder sich vollzieht, indem sie der Situierung in Raum und Zeit sowie der Angabe modaler oder kausaler Beziehungen dienen" (Helbig/Buscha 1991: 339). Nach semantischen Kriterien werden Adverbien als Lokal-, Temporal-, Modal- oder Kausaladverbien klassifiziert (Helbig/Buscha 1991: 343). Während Adverbien Sachverhalte repräsentieren oder die Umstände charakterisieren, unter denen Sachverhalte existieren oder sich vollziehen, bleiben Modalwörter außerhalb der Satzproposition. Sie bezeichnen „nicht das objektive Merkmal des Geschehens (wie die Adverbien), sondern drücken die subjektiv-modale Einschätzung des Geschehens durch den Sprechenden aus" (Helbig/Buscha 1991: 504).

Unter semantischem Aspekt können Partikeln klassifiziert werden als Partikeln, „die ein Wort im Satz näher bestimmen, erläutern, spezifizieren oder graduieren" (Helbig/Buscha 1991: 476) (sog. denotative Partikeln mit dominant semantischer Funktion), oder als Partikeln von geringem semantischen Gehalt, „die nahezu ohne eigentliche (denotative) Bedeutung sind, die vielmehr die Anteilnahme des Sprechers bzw. die Art der Sprechhandlung signalisieren, die also mehr kommunikativen als semantischen Wert haben" (Helbig/Buscha 1991: 476) (illokutive Partikeln oder illokutive Indikatoren mit dominant kommunikativ-pragmatischer Funktion).

Neben anderen sprachlichen Mitteln zur Kennzeichnung der Negation gehören Negationswörter zu den sprachlichen Ausdrücken der Satzbzw. Sondernegation (zu Einzelheiten s. unten S. 151).

Interjektionen (weizgot ich lâze mînen zorn.) sowie <nein> und <jâ> (vrouwe, nein ich noch.) werden als Satzäquivalente klassifiziert. Sie werden als reduzierte Sätze angesehen (Helbig/Buscha 1991: 529), sind also Wörter mit Satzcharakter (zu Einzelheiten s. unten S. 150).

Die Beschreibung semantischer Eigenschaften der Wörter

Die Beschreibung semantischer Eigenschaften der Wörter war nicht mit dem Ziel durchzuführen, die Bedeutungsstrukur der Wörter etwa auf der Grundlage semantischer Merkmale als Komponenten dieser Struktur zu erfassen. Vermutlich wird der Benutzer eines mhd. Wörterbuches eher an einer semantischen Charakteristik der Wörter interessiert sein, die ihm im konkreten Fall eine Übersetzungshilfe bietet. Die Beschreibung der semantischen Eigenschaften der Wörter erfolgt deshalb in der auch in den einschlägigen Wörterbüchern des Mhd. üblichen Form der synonymischen Paraphrase. Diese ist u.a. in Anlehnung an die bei Lexer (Mittelhochdeutsches Taschenwörterbuch. Mit den Nachträgen zum mittelhochdeutschen Taschenwörterbuch. Neubearbeitet und ergänzt von U. Pretzel. 37. Aufl. Leipzig 1986) sowie bei Hennig (B. Hennig: Kleines Mittelhochdeutsches Wörterbuch. Tübingen 1993) verzeichneten Paraphrasen durchgeführt worden. Sie kann also von den in den Belegen aktualisierten Bedeutungen durchaus abweichen. Der Versuch, die semantische Charakteristik mhd. Wörter in einer Wei-

Hinweise für den Benutzer   9

se durchzuführen, die dem Leser die für jeden in den wichtigsten Dichtungen um 1200 auftretenden Kontext angemessene (und wörtlich übernehmbare) Übersetzung eines mhd. Ausdrucks an die Hand gibt, erscheint zwar auf den ersten Blick verlockend, ist aber wohl nicht unproblematisch, insofern die lexikalische Bedeutung eines Wortes nur im konkreten Kontext als sein kontextspezifischer semantischer Wert monosemiert und zugleich auch angereichert (d.h. semantisch 'akkumuliert') wird und daher im Rahmen eines Wörterbuchs praktisch nicht vorhersagbar ist. Der Benutzer des GWS sollte sich also stets darüber im klaren sein, daß auch die in Wörterbüchern verzeichneten Paraphrasen aus kontextgebundenen Interpretationen hervorgegangen sind, über deren Angemessenheit der (kompetente) Leser im Einzelfall zu urteilen hat und die er, falls er es für angebracht hält, durch andere Paraphrasen ersetzen sollte oder ersetzen muß. Nur dann erwiese sich das Verstehen sprachlicher Ausdrücke letztlich als ein konstruktiver Vorgang, bei dem neben dem sprachlichen Wissen auch dem nichtsprachlichen Wissen des Rezipienten eine gewichtige Rolle zufällt: Welcher Übersetzung der Leser den Vorzug gibt, hinge demnach nicht zuletzt auch davon ab, was er unter Rückgriff auf dieses Wissen aus dem zu übersetzenden Ausdruck macht.

Hinweise für den Benutzer **11**

II. Tabellarische Übersichten

1. Übersicht über die Subklassen der starken Verben

Die Kennzeichnung der Ablautreihen kann mit Hilfe von sechs Verbformen erfolgen. Der Stammvokal des Präsens wird hier repräsentiert durch die Verbformen: 'Infinitiv Präsens' und '1. Sgl. Präs. Ind.'. Das Präteritum weist zwei ablautbedingte Stammformen auf, die hier durch die folgenden drei Verbformen repräsentiert werden: '1./3. Sgl. Prät. Ind.' (für Prät. I), '1./3. Pl. Prät. Ind.' und '2. Sgl. Prät. Ind.' bzw. '1./3. Sgl. Prät. Konj.' (für Prät. II). Das 'Part. II' wird durch die 6. Verbform repräsentiert.
Die in den geklammerten Verbformen angegebenen abweichenden Stammvokale für das Präsens sowie für '2. Sgl. Prät. Ind.' bzw. '1./3. Sgl. Prät. Konj.' gehen auf sprachhistorisch jüngere Veränderungen des ursprünglichen Ablautvokals zurück.
Zur Subklassifikation der Klassen I - III s. Paul 1998: §§ 245-247.

Klasse Ia:		**î - ei - i - i**			
grîfen	(grîfe)	greif	griffen	(griffe)	gegriffen

Klasse Ib:		**î - ê - i - i**			
dîhen	(dîhe)	dêh	digen	(dige)	gedigen

Klasse IIa:		**ie - ou - u - o**			
biegen	(biuge)	bouc	bugen	(büge)	gebogen

Klasse IIb:		**ie - ô - u - o**			
bieten	(biute)	bôt	buten	(büte)	geboten

Klasse IIIa:		**i/e - a - u - u**			
binden	(binde)	bant	bunden	(bünde)	gebunden

Klasse IIIa:		**i/e - a - u - o**			
helfen	(hilfe)	half	hulfen	(hülfe)	geholfen

Klasse IV:		**e - a - â - o**			
nemen	(nime)	nam	nâmen	(næme)	genomen

Klasse V:		**e - a - â - e**			
geben	(gibe)	gap	gâben	(gæbe)	gegeben

Klasse VI:		**a - uo - uo -a**			
graben	(grabe)	gruop	gruoben	(grüebe)	gegraben

12 Hinweise für den Benutzer

Klasse VII:		a/â/ei/ou/ô/uo - ie - ie - a/â/ei/ou/ô/uo			
halten	(halte)	hielt	hielten	(hielte)	gehalten
râten	(râte)	riet	rieten	(riete)	gerâten
heizen	(heize)	hiez	hiezen	(hieze)	geheizen
loufen	(loufe)	lief	liefen	(liefe)	geloufen
stôzen	(stôze)	stiez	stiezen	(stieze)	gestôzen
ruofen	(ruofe)	rief	riefen	(riefe)	geruofen

2. Alphabetische Liste der im GWS erfaßten starken Verben

behalten (VII)
belîben (Ia)
benemen (IV)
bern (IV)
bescheiden (VII)
betwingen (IIIa)
bieten (IIb)
binden (IIIa)
bîten (Ia)
brechen (**IV**)
dringen (IIIa)
enbern (IV)
enbieten (IIb)
engelten (IIIb)
entwîchen (Ia)
erdiezen (IIb)
erkiesen (IIb)
erlâzen (VII)
erlîden (Ia)
ersehen (V)
ervinden (IIIa)
ezzen (V)
geben (V)
gebern (IV)
gebieten (IIb)
gebresten (**IV**)
gelingen (IIIa)
gelten (IIIb)
genesen (V)
geniezen (IIb)
geschehen (V)

gesehen (V)
gevarn (VI)
gewerren (IIIb)
gewinnen (IIIa)
gezemen (IV)
heizen (VII)
helfen (IIIb)
jehen (V)
kiesen (IIb)
lesen (V)
lîden (Ia)
liegen (IIa)
loufen (VII)
mezzen (V)
nemen (IV)
phlegen (V)
râten (VII)
rechen (**IV**)
ringen (IIIa)
rîten (Ia)
riuwen (IIa)
ruofen (VII)
schaffen (VI)
scheiden (VII)
schelten (IIIb)
schînen (Ia)
sehen (V)
slâfen (VII)
sprechen (**IV**)
stechen (**IV**)
stôzen (VII)

strîten (Ia)
tragen (VI)
trîben (Ia)
trinken (IIIa)
triegen (IIa)
twingen (IIIa)
überwinden (IIIa)
vallen (VII)
varn (VI)
vehten (IV)
verderben (IIIb)
vergeben (V)
vergezzen (V)
verliesen (IIb)
vernemen (IV)
versinnen (IIIa)
vertragen (VI)
vinden (IIIa)
vliehen (IIb)
vliezen (IIb)
werden (IIIb)
werfen (IIIb)
werren (IIIb)
wesen (V)
zemen (IV)
zerbrechen (**IV**)
ziehen (IIb)

Hinweise für den Benutzer 13

3. Alphabetische Liste der 'unregelmäßigen' Verben

Für die morphologische Charakteristik der Verben (als Verben mit einer gemischten Konjugation, als Präteritopräsentien, Wurzelverben, kontrahierte Verben sowie als Verben mit j-Ableitung [j- Präsentien § 254]), die hier als 'unregelmäßige' Verben klassifiziert werden, verweisen wir auf die einschlägigen mhd. Grammatiken (s. auch die letzte Spalte der folgenden Liste unregelmäßiger Verben).

Infinitiv	Prät. I Ind. 1.3.Sgl.	Prät. II Ind. 1.3.Pl.	Prät. II Konj. 1.3.Sgl.	Part. II	Anmerkg. Paul 1998
beginnen	begunde	begunden	begunde	begunnen	§ 268
biten/bitten	bat	bâten	bæte	gebeten	j-Präs. V
bringen	brâhte	brâhten	bræhte	(ge)brâht	§ 267
denken	dâhte	dâhten	dæhte	gedâht	§§ 36, 266
*dunken	*dûhte	*dûhten	*dûhte	gedûht	§§ 36, 266
*durfen	dorfte	dorften	dörfte	bedorft	Prät.präs.
*enpfâhen	enpfienc	enpfiengen	enpfienge	enpfangen	§§ 36, 111
gân/gên	gie(nc)	giengen	gienge	*(ge)gangen	Wurzelvb.
gunnen	*gunde	*gunden	*günde	gegunnen	Prät.präs.
haben/hân	*hâte	*hâten	*hæte	gehabet	kontr. Vb.
hâhen/hân	hienc	hiengen	hienge	gehangen	§§ 36, 111
*heven	huop	huoben	hüebe	erhaben	j-Präs. VI
*komen	*quam	*quâmen	*quæme	komen	Klasse IV
*kunnen	*kunde	*kunden	*künde	-	Prät.präs.
lâzen/lân	lie(z)	liezen	lieze	(ge)lân	kontr.Vb.
ligen	lac	lâgen	læge	gelegen	j-Präs. V
müezen	*muoste	*muosten	*müeste	-	Prät.präs.
*mügen	*mohte	*mohten	*möhte	-	Prät.präs.
schepfen	schuof	schuofen	schüefe	geschaffen	j-Präs. VI
sîn	was	wâren	wære	*gewesen	Wurzelvb.
sitzen	saz	sâzen	sæze	gesezzen	j-Präs. V
stân/stên	stuont	stuonden	stüende	*gestanden	Wurzelvb.
*soln/suln	*solde	*solden	*sölde	-	Prät.präs.
swern	swuor	swuoren	swüere	gesworn	j-Präs. VI
*tugen	tohte	tohten	töhte	-	Prät.präs.
turren/türren	torste	torsten	törste	-	Prät.präs.
tuon	tete	*tâten	tæte	getân	Wurzelvb.
vâhen/vân	vienc	viengen	vienge	gevangen	§§ 36, 111
vürhten	vorhte	vorhten	vorhte	gevorht	§ 266
wellen	*wolde	*wolden	*wolde	(gewellet)	§ 277
wizzen	*wisse	*wissen	*wisse	*gewist	Prät.präs.
*würken	worhte	worhten	worhte	geworht	§ 266

14 Hinweise für den Benutzer

Anmerkungen:
a. Die mit * markierten Verbformen weisen Nebenformen auf (s. dazu
die einschlägigen Paragraphen bei Paul 1998). Häufiger auftretende
Nebenformen werden an dieser Stelle mitgeteilt:

dunken/dünken
dunken: dûhte/diuhte
dunken: dûhten/diuhten
durfen/dürfen
enpfâhen/enpfân
gân: (ge)gangen/gegân
gunnen: gunde/gonde
gunnen: gunden/gonden
gunnen: günde/gunde
haben: hâte/hæte/hête/hete
haben: hâten/hæten/hêten/heten
haben: hæte/hete
heven/heben
komen/kumen
komen: quam/kam
komen: quâmen/kâmen
komen: quæme/kæme
kunnen/künnen
kunnen: kunde/konde
kunnen: kunden/konden
kunnen: künde/kunde
müezen: muoste/muose
müezen: muosten/muosen

müezen: müeste/müese
mügen/mugen
mügen: mohte/mahte
mügen: mohten/mahten
mügen: möhte/mähte
sîn: gewesen/gesîn
stân/stên: gestanden/ gestân
soln/suln/süln
soln: solde/solte
soln: solden/solten
soln: sölde/solte
tugen/tügen
tuon: tâten/tæten/teten
wellen: wolde/wolte
wellen: wolden/wolten
wellen: wolde/wolte/wölde/wölte
würken/wirken
wizzen: wisse/wesse/wiste/weste
wizzen: wissen/wessen/wisten/ westen
wizzen: gewist/gewest

b. Zu den unregelmäßigen Verben gehören noch die Komposita der
folgenden hier erfaßten Verben:
denken (be-denken, ge-denken), gân/gên (be-gân, er-gân), lâzen (er-lâ-
zen, ver-lâzen), ligen (ge-ligen), stân (be-stân, ge-stân, under-stân),
tuon (ge-tuon) sowie turren (ge-türren).

III. Verzeichnis der Abkürzungen und Sonderzeichen

1. Abkürzungen

A./Akk. Akkusativ
a.b. andere Bedeutungen
Adj. Adjektiv
Adv. Adverb (ien)/lexikalisierte
Einheit(en) in der Funktion einer
Adverbialbestimmung
Advb./Adv.bestg. Adverbialbe-
stimmung(en)
ahd. althochdeutsch
Akt. Aktant(en)
Art. Artikelwort

D./Dat. Dativ

ED Ersatzdehnung
Er. Hartmann von Aue: *Erec*

fakult. fakultativ
fem. femininum
flekt. flektiert/flektierbar
frühnhd. frühneuhochdeutsch

G./Gen. Genitiv
Gem. Gemination
germ. germanisch
Greg. Hartmann von Aue: *Gregorius*
GW Grammatischer Wechsel
GWS Grundwortschatz

Ha. Hartmann von Aue
HG Häufigkeitsgruppe(n)
hd. hochdeutsch
Heinr. Hartmann von Aue: *Armer Heinrich*
HWB Lexer, M.: Mhd. Handwörterbuch. Bd. I-III. 1872-178

I. Instrumental(is)
Imp. Imperativ

Ind. Indikativ
indekl. indeklinabel
Iw. Hartmann von Aue: *Iwein*

j-Präs. Präsens mit j-Ableitung (j-Präsens)

Komp. Komparativ
Konj. Konjunktion/Konjunktiv
Kontr. Kontraktion
kontr. kontrahiert
koordin. koordinierend

mask. maskulinum
md. mitteldeutsch
mhd. mittelhochdeutsch
Mod. Modalwort

N./Nom. Nominativ
ndd. niederdeutsch
Neg. Negation/Negationswort
neutr. neutrum
nhd. neuhochdeutsch
Nib. Nibelungenlied

obd. oberdeutsch
Obj. Objekt
oblig. obligatorisch

Part. Partikel/Partizip
Pl. Plural
präd. prädikativ
Präp. Präposition
Präp.kasus Präpositionalkasus
Präs. Präsens
Prät. Präteritum
Prät.präs. Präteritopräsentium
Pron. substantivisches Pronomen

RU Rückumlaut

16 Hinweise für den Benutzer

s. siehe
Satzäqu. Satzäquivalent
Sb./Subst. Substantiv
Sgl. Singular
sog. sogenannt
st. stark
sth. stimmhaft
stl. stimmlos
subordin. subordinierend
subst. substantivisch
Sup. Superlativ
suppl. suppletiv
sw. schwach

trennb. trennbar

U Umlaut
u. unregelmäßig
unbest. unbestimmt

Vb. Verb
vs. versus

Wa. Walther von der Vogelweide
WBK Wortbildungskonstruktion
Wurzelvb. Wurzelverb

Zahladj. Zahladjektiv
zusammenges. zusammengesetzt

Hinweise für den Benutzer **17**

2. Sonderzeichen

ø	'Nullstelle (Nullallomorph)' (er truoc-ø)
<	'(entstanden) aus'; 'zurückzuführen auf' ({schaft} < ahd. gi-schaft 'Schöpfung, Beschaffenheit')
>	'(wurde) zu' (mhd. bruoder > nhd. Bruder)
Δ	'semantische Falle' (mhd. wîp vs. nhd. Frau)
*	'Vokabelfall' (mhd. kiesen 'prüfen', 'versuchen', 'wählen')
≥	'größer als', 'gleich'
->	'Übergang in eine andere Wortklasse' (Adj. –> Sb.), 'lautgeschichtlicher Prozeß' (mhd. helle –> nhd. Hölle)
<,>	'Kennzeichnung der Variante einer lemmatisierten Leitform' (haben, hân)
(...)	'Kennzeichnung einer Variante': haben (hân)
<:>	'im Wechsel/alternierend mit' (hœren: hôrte)
–	'Morphemgrenze' (ge-müet-e), 'Kennzeichnung einer Hervorhebung' (g-e-ste)
... / ...	Kennzeichnung unterschiedlicher Formen (wer/waz, des/eines nahts)
<...,...>	Varianten einer graphemischen Einheit' (<v, f>)
/.../	'Phonem' (/m/), 'Kennzeichnung einer Lautgruppe (/l, m, n, r/), 'Lautfolge' (/tw/)
[...]	'Textlücke' (ichn wolde [...] niht sîn gewesen.) oder 'Textzusatz' (diu [linde] ist breit.)
{ ... }	'(grammatisches) Morphem' ({-er}, {-schaft}, {ge...e})
< >	'graphemische Einheit', 'Schreibform' (<â>, <âventiure>)
§(§)	'Hinweis auf den (die) Paragraphen der 24. Auflage der mhd. Grammatik von H. Paul (1998)'
I., II.	'1., 2. Klasse (Ablautreihe) der starken Verben', 'Teil von' (Prät. I, Prät. II)
1. (-3.)	'1. (-3.) Person'
MAJUSKELN	'Kurzwort' (z.B. GWS, HWB, WBK), 'semantisches Merkmal' (BEL [belebt])

IV. Der Grundwortschatz in 12 Häufigkeitsgruppen

Häufigkeitsgruppe 1

40 Leitlemmata mit einer Häufigkeit von 23453-501 (= 58.60%) in Ha., von ≥ 339 in Nib. und von ≥ 116 in Wa.; ihnen zugeordnet 82 Lemmata: 11 Vokabelfälle (*) (13%), 23 semantische Fallen (Δ) (28%) und 48 erschließbare Wörter (59%).

al

al *Pron. (und Art. [?]).*   **alle, jed-, ganz-**
mîn vrouwe sol iuch niht erlân irn saget iuwer mære; wan ez niht reht wære, engultens <u>alle</u> sament mîn. Iw.226. du bist mir alleine vor <u>al</u> der welte, frowe, swaz joch mir geschiht. Wa.42.30.

Δ **al**, **alles**, **allez** *Part.; zu al 'obwohl' als Part. bei*   **ganz (und gar),**
konzessiven Sätzen s. § 445.A.2.   **sehr**
des wær doch <u>alles</u> unnôt, dar zuo man irz verbôt. Iw.3481.

al, **aller** *Erstglied einer WBK (alrêrst, alsam, alsô, alsus, alrôt, allerbœste).*

alsô, als(e) vgl. sô, al, alsam

alsô, **als(e)** *Modaladv.; zu alsô in der Funktion*   **(eben-) so, auf**
eines Relativums s. § 224.2.   **diese Weise,**
ez ist umb iuch <u>alsô</u> gewant, daz iu daz nieman mer-   **nämlich**
ken sol, sprechet ir anders danne wol. Iw.190.

alsô, **als(e)** *Part.*   **so, sehr**
do het er g(e)machet <u>also</u> riche von bluomen eine bettestat. Wa.40.1.

Δ **als** *Präp. ohne Kasusforderung*   **wie**
ir strâfet mich <u>als</u> einen kneht. Iw.171. der Etzelen jâmer der wart alsô grôz, <u>als</u> eines lewen stimme der rîche künec erdôz mit herzen leidem wuofe. Nib. 2234.1.

Δ **als**, **als...als** *Konj. (§§ 459.4, 460.3, 461.7,*   **wie, sowie,**
465.2).   **wenn, als ob,**
dô enpfienc er mich <u>als</u> schône <u>als</u> im got iemer lô-   **während, da,**
ne. Iw.295. dô diu küneginne sîne rede vernam, der   **(so) daß**
spile bat si gâhen, <u>als</u> ir dô daz gezam. Nib.428.1.
wip muoz iemer sin der wibe hohste name, und tiuret baz dan frowe, <u>als</u> ichz erkenne. Wa.48.38.

an(e)

an(e) *Präp. A, D, (I)*
swer verholne sorge trage, der gedenke an guotiu wip, er wirt erlost. Wa.42.15.
an(e) *Erstglied einer WBK (aneblic, aneganc, anesiht).*

an, auf, in, gegen, bei, durch; a.B.

da, dâ, dar(e), dâr(e)

da, dâ, dar(e), dâr(e) *Lokaladv.*
dô man dâ hete gesungen, daz volc huop sich von dan. Nib.1055.1. swie ich dar kam gegangen, ichn wart niht wirs enpfangen danne ouch des âbents dô ich reit [...]. Iw.785.

da, dort; dorthin

da, dâ, dar, dâr *Lokaladv. in der Funktion eines Relativums (§§ 224.2 und 450).*
ich bin iuwer, frowe Minne, schiezent dar, da man iu widerste. Wa.41.5.

wo, wohin, wonach

dar *Pronominaladv. in Verbindung mit Einheiten wie inne, umbe; zu darinne, darumbe in der Funktion eines Relativums s. § 224.2.*
swer darinne wesen solde âne vorhtlîche swære, den dûhtez vreudebære. Iw.1142.

darin, darauf, darum

daz

Δ **daz** *Konj. oder Teil einer zusammenges. Konj. (durch daz, ûf daz, umbe daz, die wîle daz). Zu wie daz als Einleitung eines indir. Fragesatzes s. § 466.4; zu daz als „konjunktionale[r] Stütze zu Adverbien oder adverbialen Ausdrücken" in der Funktion einer Konjunktion (ê daz, nû daz, sît daz, unze daz, die wîle daz) s. § 466.4.*
er hât bî sînen zîten gelebet alsô schône daz er der êren krône dô truoc und noch sîn name treit. Iw.8. er sprach 'ir müezent an mich den strît lâzen beide, durch daz ich iuch bescheide daz iuch des wol genüeget [...].' Iw.7648. sît daz dû mich doch nemen muost, sô râte ich daz dûz iezuo tuost. Er.5896.

daß, damit, so daß, weil, während, in der Weise, daß, seit, bis; a.B.

der/daz/diu

der/daz/diu *Pron. (§§ 217 und 218); zu der und den komplementären Formen in der Funktion eines Relativums s. § 224.1.*
swer an rehte güete wendet sîn gemüete, dem volget sælde und êre. Iw.1. ein rîter, der gelêret was

der, das, die; welcher, welches, welche

[...], der tihte diz mære. Iw.21.

Δ des *Adv. („Konjunktionaladv.").*   **deshalb**
er hât bî sînen zîten gelebet alsô schône daz er der
êren krône dô truoc und noch sîn name treit. des habent die wârheit sîne lantliute: sî jehent er lebe noch
hiute [...]. Iw.8.*Von dem Adv. des zu unterschei-*
den ist der Gen. Sgl. des in der Funktion eines Ob-
jekts (im heutigen Deutsch oft zu übersetzen mit
dem Pronominaladverb 'darüber'): dô der starke
Liudegêr Sîvriden vant, und daz er alsô hôhe truog
an sîner hant den guoten Balmungen und ir sô manegen sluoc, des wart der herre zornec und grimmic
genuoc. Nib.207.1.

der/daz/diu *Art.*   **der, das, die**
er hât den lop erworben, ist im der lîp erstorben, sô
lebet doch iemer sîn name. Iw.15.

---

dirre(diser)/diz(ditze)/disiu

---

* **dirre(diser)/diz(ditze)/disiu** *Pron. (§ 219).*   **dieser, dieses,**
hie huop sich ein michel strît an dem râte under in.   **diese**
dirre riet her, der ander hin [...]. Heinr.1468.

* **dirre(diser)/diz(ditze)/disiu** *Art.*   **dieser, dieses,**
ez schînet wol, wizzet Krist, daz disiu rede nâch ez-   **diese**
zen ist. Iw.815.

---

dô

---

* **dô** *Temporaladv.; zu dô in der Funktion eines Re-*   **da, dann, da-**
lativums s. § 224.2.   **mals**
er hât bî sînen zîten gelebet alsô schône daz er der
êren krône dô truoc und noch sîn name treit. Iw.8.
ich kam gegangen zuo der ouwe, do was min frie-
del komen e. Wa.39.20.

* **dô, dô...dô** *Konj. (§ 459.1).*   **als, nachdem**
dô er noch lützel hete geseit, dô erwachte diu küne-
gin und hôrte sîn sagen hin in. Iw.96.

* **dô** *am Satz- oder Strophenanfang häufig als Ab-*   **nun**
schnittssignal
Dô sprach aber der verge: des mac niht gesîn. Nib.
1558.1.

---

ein/einez/einiu

---

einer/einez/einiu *Pron. (§§ 217 und 229).*   **einer, eines,**
wie dirre sluoc, wie jener stach: ir einer wart dâ er-   **eine**
slagen: dern mohte niht dâ von gesagen. Iw.1036.

ein *Teil des Reziprokpron. einander* — einander
wider <u>einander</u> giengen maget unde wîp. man sach
dâ wol gezieret vil manigen schœnen lîp. Nib.
594.1.

ein(einer)/einez/einiu *Art.* — ein, eine
er was genant Hartman und was <u>ein</u> Ouwære [...].
Iw.28.

en-, -(e)n, -ne

* **en-, -(e)n, -ne** *Neg. (auch in Verbindung mit* — nicht
nie, nieman, niemer, niender, niht und anderen Negationswörtern [§ 436]).
ich<u>n</u> wolde dô niht sîn gewesen, daz ich nû niht <u>en</u>-
wære [...]. Iw.54

got

got *Sb.* — Gott; Götze
da weinte ein klosenære, er klagete <u>gote</u> siniu leit:
'owe der babest ist ze junc; hilf, herre, diner kristenheit!' Wa.9.37.

guot

guot *Sb.; zu Adj. –> Sb. s. § 394.* — (höchstes) Gut,
sînem herzen liebe geschach, dô er jenen halten sach Heil, Glück;
der allez <u>guot</u> verkêrte [...]. Iw.2557. nû vuor er Besitz, Vermö-
heim und begunde geben sîn erbe und ouch sîn gen, Reichtum,
varnde <u>guot</u> [...]. Heinr.246. Sigmunt unde Siglint Geld; Lohn
die mohten wol bejagen mit <u>guote</u> michel êre.
Nib.29.2. <u>guot</u> was ie genæme, iedoch so gie diu
ere vor dem <u>guote</u>: nust daz <u>guot</u> so here, daz ez gewalteclîche vor ir zuo den frowen gat. Wa. 31.17.

Δ **durch (allez) guot** *Modaladv.* — in guter Absicht
dô er guot gemach gewan, dô gienc sî von im dan
und tete daz <u>durch allez guot</u> [...]. Iw.1784.

guot *Adj.; vgl. Adv. wol.* — gut, edel, tüch-
man gap uns spîse, diu was <u>guot</u>, dâ zuo den willi- tig, ehrenhaft;
gen muot. Iw.367. dô sande an Dietrîchen der <u>guote</u> gütig, freund-
Rüedegêr, ob siz noch kunden wenden an den kü- lich; a.B.
negen hêr. Nib.2137.1.

haben, hân

haben (hân), hâte, hâten, gehabet *u. Vb. (kontr.* — haben, besitzen;
Vb. § 288). halten; festhal-

Häufigkeitsgruppe 1 **23**

wir <u>haben</u> rîchiu lant, diu dienent uns von rehte, ze niemen sint si baz bewant. Nib.115.3. wan sî wolten daz gewis <u>hân</u>, und wurde diu porte ûf getân, daz si in dar inne vunden. Iw.1263.

**ten, behalten;
sich verhalten;
a.B.**

haben (hân), hâte, hâten, gehabet *u. Vb. (kontr. Vb. § 288); Hilfsverb zur Umschreibung des Perfekts und des Plusquamperfekts (§ 310).*
dô wir mit vreuden gâzen und dâ nach gesâzen, und ich im <u>hâte</u> geseit daz ich nâch aventiure reit, des wundert in vil sêre [...]. Iw.369.

haben

Δ haben (hân), hâte, hâten, gehabet *u. Vb. (kontr. Vb. § 288).*
gesige aber ich im an, sô <u>hât</u> man mich vür einen man, und wirde werder danne ich sî. Iw. 535.

halten für; a.B.

herre, **her**

Δ herre, **her** *Sb.*
er las daz selbe mære, wie ein <u>herre</u> wære ze Swâben gesezzen. Heinr.29. si kiesent künege unde reht, si setzent <u>herren</u> und kneht. so we dir, tiuschiu zunge, wie stet din ordenunge. Wa.9.6.

**Herr, Adliger;
Gebieter**

ich, **dû**, **er/ez/siu**

ich, **dû**, **er/ez/siu** *Pron. (§§ 213 und 214).*
des habent die wârheit sîne lantliute: sî jehent <u>er</u> lebe noch hiute. Iw.12.

**ich; du; er, es,
sie**

in

in *Präp. A, D*
deiswâr dâ was ein bœser man <u>in</u> vil swachem werde [...]. Iw.38.
in *Erstglied einer WBK (ingesinde).*

**in, an, auf, bei,
gegen; a.B.**

man

Δ man *Sb. mask.*
deiswâr dâ was ein bœser <u>man</u> in vil swachem werde [...]. Iw.38. Rûmolt der kuchenmeister, ein ûz erwelter degen, Sindolt und Hûnolt, dise herren muosen pflegen, des hoves unt der êren, der drîer künege <u>man</u>. Nib.10.1.

**Mensch; Mann;
Geliebter;
Lehnsmann,
Diener**

Δ man *Sb. fem.*
ez enwas ze michel noch ze kranc, sîn varwe rehte harmblanc, sîn <u>man</u> tief unde reit [...]. Er.1426.

Mähne, Haar

man *Pron.; vgl. ieman, nieman (§ 227).*

man

dô man des pfîngestages enbeiz, männeclîch im die
vreude nam der in dô aller beste gezam. Iw.62.

mîn/dîn/sîn

mîn/dîn/sîn *Sb.; zu Art. –> Sb. s. § 394.* **der Meine etc.**
swâ man zen Burgonden mich unt die mîne sehe,
daz ir ietslîcher danne des jehe [...]. Nib.1156.1.
mîn/dîn/sîn *Art. (nicht selten in Verbindung mit* **mein, dein, sein**
einem anderen Art. [§ 408]).
er hât bî sînen zîten gelebet alsô schône daz er der
êren krône dô truoc und noch sîn name treit. Iw.8.
die iuwern schœnen tohter welt ir verwitwen ze
fruo. Nib.2188.7.

mit(e)

mit(e) *Präp. D, (I)* **mit, bei, neben;**
swer iuch mit lêre bestât, deist verlorniu arbeit. Iw. **a.B.**
202.

mügen, mugen

* **mügen** (mugen), mac, mugen, mohte *u. Vb.* **imstande sein,**
(Prät. präs. §§ 269 - 275); zu mügen in der Funk- **vermögen, kön-**
tion eines Modalverbs s. § 276. **nen; mögen;**
und helfet mir der reise in Burgonden lant, daz ich **dürfen; müssen;**
und mîne recken haben sölch gewant, daz alsô stol- **a.B.**
ze helde mit êren mugen tragen. Nib.62.1. möhte
ich verslafen des winters zit. Wa.39.6.

niht vgl. iht

Δ **niht** *Pron. (§ 233); zu nihtes s. § 375.* **nichts**
maneger biutet diu ôren dar: ern nemes ouch mit
dem herzen war, sone wirt im niht wan der dôz.
Iw.252. von ir schrien ich erschrac: wan daz da niht
steines lac, so wær ez ir suonestac. Wa.95.9.
niht *Neg.; zu niht in Verbindung mit en s. § 437.* **nicht**
ichn wolde dô niht sîn gewesen, daz ich nû niht en-
wære [...]. Iw.54.

nû

* **nû** *Temporaladv.* **nun, jetzt**
ichn wolde dô niht sîn gewesen, daz ich nû niht en-
wære. Iw.54.
* **nû** *Teil einer Konj. (nû daz) (§ 459.11).* **jetzt da**
nû daz disiu rîchiu kint sus beidenthalp verweiset

sint, der juncherre sich underwant sîner swester dâ
zehant und phlac ir sô er beste mohte, als sînen triuwen tohte. Greg.273.

* **nû** *am Satz- oder Strophenbeginn häufig als Ab-*   **nun**
schnittssignal
und alser er mich alsô begreif, do enpfienc er mich
als schône als im got iemer lône. Nû hienc ein tavel
vor dem tor an zwein ketenen enbor [...]. Iw.294.

ouch

ouch *Modaladv. (zur Bezeichnung der Erweite-*   **auch, außerdem,**
rung).   **ferner**
dô kom der künic Gunther mit den sînen man und
ouch der grimme Hagene zuo dem wuofe gegân.
Nib.1040.2.
ouch *zu* ouch *als Part. mit illokutiver Funktion s.*   **ebenso, ja**
unten S. 149.   **schließlich,**
doch müezen wir ouch nû genesen. Iw.53. weiz got   **wirklich, ja**
er lat ouch dem meien den strit: so lise ich bluomen
da rife nu lit. Wa.39.9.

sagen

sagen *sw. Vb. (Kontr. seit- § 107).*   **sagen, erzählen,**
'nû sage mir waz dîn ambet sî.' Iw.489. ich wil   **nennen, verfas-**
guotes mannes werdekeit vil gerne hœren unde sa-   **sen; a.B.**
gen. Wa.41.21.

sich

sich *Pron. der 3. Person. (Reflexivpron.). Zu un-*   **sich**
terscheiden sind reflexive Verben (bei denen das
Reflexivpron. zum Verb gehört) von „reflexiven
Konstruktionen" (bei denen das Reflexivpron.
durch ein anderes grammatisches Objekt ersetzbar
ist).
der rede ist unlougen, er hete geweinet benamen,
wan daz er sich muose schamen. Iw.2967
(reflexives Verb). ez schînet wol, wizze Krist, daz
mîn vrouwe ein wîp ist, und daz si sich niht gere-
chen mac. Iw.3127. *(„reflexive Konstruktion").*

sehen vgl. ge-sehen

sehen, sach, sâhen, gesehen *st. Vb. V; zu h: ch s.*   **sehen, ansehen,**
§ 10.   **schauen, er-**
dô sach der videlære, ein küene spilman, die edeln   **blicken, wahr-**

küneginne ab einer stiege gân [...]. Nib.1772.1.　　　**nehmen**

sîn vgl. wesen

sîn, was, wâren, gewesen *u. Vb. (Wurzelverb §*　　**sein; bedeuten;**
282) (suppletive Bildung).　　**besitzen; a.B.**
er was genant Hartman und <u>was</u> ein Ouwære [...].
Iw.28.

sîn, was, wâren, gewesen *u. Vb. (Wurzelverb §*　　**sein**
282) (suppletive Bildung); Hilfsverb zur Umschrei-
bung des Perfekts und des Plusquamperfekts (§
310) sowie des Zustandspassivs (§ 324).
ichn wolde dô niht <u>sîn</u> gewesen, daz ich nû niht en-
wære. [...]. Iw.54. er <u>was</u> genant Hartman und
was ein Ouwære [...]. Iw.28.

sô vgl. alsô

sô *Modaladv.; zu sô in der Funktion eines Relati-*　　**so, auf diese**
vums s. § 451.　　**Weise**
durch dorne und durch gedrenge <u>sô</u> vuor ich allen
den tac [...]. Iw.268.
Δ sô *Konj. (§§ 459.3 und 465.1).*　　**als, wie, wenn**
<u>sô</u> diu katze gevrizzet vil, zehant sô hebet sî ir spil
[...]. Iw.823. des enkund im gevolgen niemen, sô
michel was sîn kraft, <u>sô</u> si den stein wurfen oder
schuzzen den schaft. Nib.130.3.
sô *Part.*　　**so, sehr**
in hove Sigmundes der bûhurt was <u>sô</u> starc, daz
man erdiezen hôrte palas unde sal. Nib.34.2.

sprechen

sprechen, sprach, sprâchen, gesprochen *st. Vb.*　　**sprechen, sa-**
IV　　**gen, reden; a.B.**
suln wir <u>sprechen</u> waz ich dem geliche, so sage ich
waz mir dicke baz in minen ougen hat getan und
tæte ouch noch, gesæhe ich daz. Wa.46.6.

soln, suln

soln (suln), sol, suln, solde *u. Vb. (Prät. präs. §§*　　**sollen, ver-**
269 - 275); zu soln in der Funktion eines Modal-　　**pflichtet oder**
verbs s. § 276.　　**genötigt sein;**
ouch verstuont sich her Îwein wol daz er sich weren　　**müssen; dürfen;**
<u>solde</u>, ob er niht dulden wolde beide laster unde leit.　　**mögen; a.B.**
Iw.1004. nu <u>sult</u> ir im erlouben daz er ze hove gê.
Nib.550.2.

Häufigkeitsgruppe 1   **27**

Δ **soln** (suln), sol, suln, solde *u. Vb. (Prät. präs. §*   **werden**
273) zur Umschreibung des Futurs.
ir <u>sult</u> vor schaden sicher sîn: her Îwein, nemt diz
vingerlîn. Iw.1201.

tuon vgl. ge-tuon

tuon, tete, tâten, getân *u. Vb. (Wurzelverb § 279).*   **tun, machen,**
ichn hân iu selhes niht <u>getân</u>, irn möhtet mich wol   **schaffen; geben;**
leben lân [...]. Iw.173.   **a.B.**

unde, und, unt

unde, und, unt *koordinierende Konj. oder Teil*   **und**
einer koordinierenden Konj. (unde...noch).
wes er mit mir pflæge niemer niemen bevinde daz
wan er <u>unde</u> ich, <u>und</u> ein kleinez vogellin [...].
Wa.40.12. dô begunden sî von zorne toben <u>und</u> got
<u>noch</u> den tiuvel loben. Iw.1271.
Δ **unde, und, unt** *subordin. Konjunktion (§§ 459.*   **wenn, (solange)**
13 und 465.3); zu unde in der Funktion eines Rela-   **als**
tivums s. §§ 224.2 und 451.
ich heize ein riter und hân den sin daz ich suochende
rîte einen man der mit mir strîte, der gewâfent sî als
ich. daz prîset in, <u>und</u> sleht er mich [...]. Iw.530.
wan sî wolten daz gewis hân, <u>und</u> wurde diu porte
ûf getân, daz si in dar inne vunden. Iw.1263.

vil

Δ **vil** *Sb. (häufig als indekl. Sb. mit G [§ 394]).*   **Menge; a.B.**
ir habt mirs joch ze <u>vil</u> gesaget. Iw.161. uns ist in
alten mæren wunders <u>vil</u> geseit [...]. Nib.1.1.
vil *unbest. Zahladj. (nur in Verbindung mit einem*   **viel-**
Sb. im Dativ [§ 394]).
fuoge hân ich kleine: doch ist si genæme wol, so
daz si <u>vil</u> guoten liuten sol iemer sin gemeine. Wa.
116.15.
Δ **vil** *Part.*   **sehr, völlig**
er ist lasterlîcher schame iemer <u>vil</u> gar erwert, der
noch nâch sînem site vert. Iw.18. ez wuohs in
Burgonden ein <u>vil</u> edel magedîn [...]. Nib.2.1

von

von *Präp. D, (1)*   **von, aus, seit,**
der verliuset sine tage, wand im wart <u>von</u> rehter lie-   **durch, wegen**

28 Erster Teil: Grundwortschatz

be weder wol noch we. Wa.13.35.

---

wande, wanne, wan (< wande, wanne; niuwan)

---

wanne, wan, wenne *Temporaladv.(Interrogativ-*   **wann, warum,**
adv.) (< Adv. wanne) (§ 457).
jâ butet ir mir iuwern gruoz: <u>wanne</u> würde iu des lasters buoz, bestüendet ir mich dar nâch? Er.4354.
die wegemüeden recken, ir sorge si an vaht, <u>wanne</u>
si solden ruowen und an ir bette gân. Nib.1818.2.

Δ **wannen, (von) wan(ne)** *Lokaladv.(Interroga-*   **woher**
tivadverb) (< Adv. wannen) (§ 457).
ir liste kêrte si dar zuo beidiu spâte unde vruo wie si
daz vernæme <u>von wanne</u> daz golt kæme. Greg.
1221.

* **wande, wan(ne)** *Konj. (< Konj. wande).*   **denn, weil**
sînes lîbes sterke diu muose gar zergên, <u>wand</u> er
des tôdes zeichen in liehter varwe truoc. Nib.978.2.
der verliuset sine tage, <u>wand</u> im wart von rehter liebe weder wol noch we. Wa.13.35.

Δ **wanne, wan** *„exzipierende Partikel"(< Part. niu-*   **nur (nicht), au-**
wan) (§ 466.4.A.2).   **ßer, ausgenom-**
ezn sprichet niemannes munt <u>wan</u> als in sîn herze   **men;**
lêret [...]. Iw.194. des schuzzes beide strûchten die   **wan + Sb. im**
kreftigen man. <u>wan</u> diu tarnkappe, si wæren tôt dâ   **N. ('wäre nicht**
bestân. Nib.457.3. waz wold ich ze lone? si sint   **[...] gewesen')**
mir ze her, so bin gefüege und bite si nihtes mer,
<u>wan</u> daz si mich grüezen schone. Wa.56.27. wes er
mit mir pflæge niemer niemen bevinde daz <u>wan</u> er
unde ich, und ein kleinez vogellin [...]. Wa.40.12.

Δ **wanne, wan** *Part. in Wunschsätzen (< Konj.*   **o daß doch**
wande + ne); s. dazu auch § 322.
ichn mac sî niht gescheiden, <u>wan</u> übel geschehe in
beiden. Iw.847.

---

wellen

---

* **wellen,** wil(e), wellen, wolte *u. Vb. (§ 277).*   **wollen, beab-**
mîn laster <u>wil</u> ich vertragen, daz ir ruochet gedagen.   **sichtigen; ver-**
Iw.181.   **langen; a.B.**

---

werden

---

werden, wart, wurden, geworden *st. Vb. IIIb*   **werden; aus-**
maneger biutet diu ôren dar: ern nemes ouch mit   **schlagen; ge-**
dem herzen war, sone <u>wirt</u> im niht wan der dôz.   **reichen zu; a.B.**
Iw.252. dô <u>wart</u> ein michel dringen und grôzer

swerter klanc, dâ ir ingesinde zuo zein ander dranc.
Nib.208.1.

werden, wart, wurden, geworden *st. Vb. IIIb;* **werden**
Hilfsverb zur Umschreibung des Vorgangspassivs
(§ 325).
sî <u>wurden</u> ab mit den swerten zehouwen schiere
alsô gar daz si ir bêde wurden bar. Iw.1026.

---

wesen vgl. sîn

Δ **wesen**, was, wâren, gewesen *st. Vb. V (GW s: r* **vorhanden/ da**
§ 93). **sein; existieren;**
dem ungevüegen manne <u>wâren</u> granen unde brâ lanc **Bestand haben;**
rûch unde grâ [...]. Iw.444. 'w<u>is</u> getriuwe, <u>wis</u> **dauern; a.B.**
stæte, <u>wis</u> milte, <u>wis</u> diemüete, <u>wis</u> vrävele mit güete, <u>wis</u> dîner zuht wol behuot [...].' Greg.248.

---

wol vgl. baz, bezzer

Δ **wol** *Modaladv.* **gut, wohl**
[...] und het irs ein teil verdaget, daz zæme iuwerm
namen <u>wol</u>. Iw.163. nu was der herre Sîfrit wider
ûz gegân, da er wart <u>wol</u> enpfangen von einer vrouwen wol getân. Nib.683.3.

Δ **wol** *Part.; zu wol als Part. mit illokutiver Funktion* **sehr, völlig**
s. unten S. 149.
des diu vrouwe gerte, vil <u>wol</u> leister daz sît. Nib.
1707.4.

wol *Mod.* **wohl, wahr-**
ichn hân iu selhes niht getân, irn möhtet mich <u>wol</u> **scheinlich**
leben lân. Iw.173. <u>wol</u> bî hundert pfunden gap er
an der zal. Nib.516.1.

Δ**wol** *Part. in elliptischen Konstruktionen (§§ 491* **wohlan**
und 492).
<u>wol</u> mich, daz ichs han gedaht, ir sult si miden,
guotiu wip. Wa.41.19.

wol *Erstglied einer WBK (wolgetân, wolgemuot).*

---

zuo, **z(e)**

---

zuo, **z(e)** *Präp. D, (A, I)* **zu, in, an, bei,**
ez hete der künec Artûs <u>ze</u> Karidol in sîn hûs <u>z</u>einen **bis (zu); a.B.**
pfingesten geleit nâch rîcher gewonheit ein alsô
schœne hôchzît [...]. Iw.31. der wirt der hiez dô si-
delen vil manegen küenen man, <u>ze</u> einen sunewenden, dâ sîn sun wol ritters namen gewan. Nib.31.3.

z(e) *Part.*   **zu**

'vrouwe, ez ist genuoc. ir habt mirs joch <u>ze</u> vil gesaget [...].'Iw.160. vil liebiu vrouwe mîn, diuht ez
si niht <u>ze</u> verre, sô lüede ich über Rîn swelhe ir dâ
gerne sæhet her in miniu lant. Nib.1404.1.

Häufigkeitsgruppe 2

59 Leitlemmata mit einer Häufigkeit von 500-201 (= 13.67%) in Ha., von 338-136 in Nib. und von 115-46 in Wa; ihnen zugeordnet 108 Lemmata: 22 Vokabelfälle (*) (20%), 27 semantische Fallen (Δ) (25%) und 59 erschließbare Wörter (55%).

ander

ander *Sb.; zu Adj. –> Sb. s. § 394.*
ir ietweder sîn sper durch des <u>andern</u> schilt stach ûf den lîp daz ez zebrach [...]. Iw.1014.

der/ein andere(r)
etc.

Δ **ander** *Zahladj. (§§ 220 und 235) und Adj.*
ouch het er den wirt erslagen. der vlôch noch den ende vor durch ein <u>ander</u> slegetor [...]. Iw.1122.

ander-, zweit-;
verschieden,
fremd

Δ **anders** *Adv. („Konjunktionaladv.").*
do liez er sich herre verkoufen, daz wir eigen wurden fri, <u>anders</u> wæren wir verlorn [...]! Wa.15.15.

sonst

anders *Modaladv.*
'ez ist um iuch alsô gewant daz iu daz niemen merken sol, sprechet ir <u>anders</u> danne wol.' Iw.190.

auf andere Wei-se

ân(e)

* **ân(e)** *Präp. A, (G)*
Keiî leite sich slâfen ûf den sal under in: ze gemache <u>ân</u> êre stuont sîn sin. Iw.74.

ohne, außer

* **ân(e), an(e)** *Konj. zur Einleitung konzessiver Sätze (§ 461.4).*

obwohl

beginnen

beginnen, began (begunde), begunnen *u. Vb.*
(§§ 267 und 268).
daz sehste was Kâlogrenant. der <u>begunde</u> in sagen ein mære, von grôzer sîner swære und von deheiner sîner vrümekheit. Iw.92.

beginnen, an-fangen; ausfüh-ren, tun; a.B.

beide

beide *Sb.; zu Adj. –> Sb. s. § 394.*
nû riten si unlange vrist neben einander <u>beide</u> [...]. Er.5.

beide

beide *Zahladj.*
nû [...] hete her Îwein genomen den prîs ze <u>beiden</u> sîten. Iw.3059.

beide

Δ **beide** *Teil der Konj. beide...und*
ouch verstuont sich her Îwein wol daz er sich weren solde, ob er niht dulden wolde <u>beide</u> laster <u>unde</u> leit. Iw.1004.

sowohl...als auch

bî

bî *Präp. D, (A, G, I)*   **bei, wegen, zu**
wir zwei beliben eine. nu verstuont sich wol diu reine daz ich gerne <u>bî</u> ir was. Iw.331.
bî *Erstglied einer WBK (bîspel, bîsprâche, bîstân).*

dannne, dan, dannen

dannne, dan, dannen *Temporal- und Modaladv.*   **dann, darauf;**
diu rôsen varwe ir entweich, nû rôt und <u>danne</u>   **sonst**
bleich wart si dô vil dicke [...]. Er.1712.
dannen, dan *Lokaladv.; zu dannen in der Funk-*   **von dannen,**
tion eines Relativums s. §§ 224.2 und 450.   **(hin-) weg; dar-**
alsus stal er sich <u>dan</u> und warp rehte als ein man der   **aus; darum**
êre mit listen kunde gewinnen [...]. Iw.945.
Δ dannen, dan *Präp. ohne Kasusforderung*   **als**
ir strâfet mich als einen kneht. gnâde ist bezzer <u>dan-</u>
<u>ne</u> reht. Iw.171.
Δ dannen, dan *Konj.*   **als, als daß, als**
doch gehabte sich ze grôzer nôt nie man baz <u>danne</u>   **ob**
ir tuot: ir sît benamen wol gemuot. Iw.1174.

dehein, dechein, dekein vgl. ein, kein

* dehein, dechein, dekein *Pron . (§ 229).*   **(irgend-) einer**
sî lie ligen den künec ir man unde stal sich von im   **etc.; keiner etc.**
dan, und sleich zuo in sô lîse dar, daz es ir <u>deheiner</u>
wart gewar [...]. Iw.99.
* dehein, dechein, dekein *Art. (§ 229).*   **(irgend-) ein-;**
'Keiî, daz ist dîn site, und enschadest niemen mê dâ   **kein-**
mite danne dû dir selbem tuost, daz dû den iemer
hazzen muost deme <u>dehein</u> êre geschiht.' Iw.137.
* dehein, dechein, dekein *Neg. (§ 417).*   **kein-**
daz sehste was Kâlogrenant. der begunde in sagen
ein mære, von grôzer sîner swære und von <u>deheiner</u>
sîner vrümekheit. Iw.92.

doch vgl. iedoch

doch *Adv. („Konjunktionaladv.").*   **doch, dennoch,**
ich enpfâhe gerne, als ich sol, iuwer zuht und iuwer   **trotzdem**
meisterschaft: <u>doch</u> hât sî alze grôze kraft. Iw.164.
doch *Konj. (§ 461.1).*   **obwohl, auch**
<u>doch</u> jener die besten würfe warf der kein zabelære   **wenn**
bedarf, dô half disen daz ern nie ûz den slegen

komen lie [...]. Er.942. <u>doch</u> er guot ellen trüege,
Êrec in von dem rosse schiet ze spotte aller der diet.
Er.821.
doch *zu doch als Part. mit illokutiver Funktion s.*
unten S. 149.

**wirklich, doch
[unbetont], eben**

durch

Δ **durch** *Präp. A*
iuwer zorn ist ze ungenædeclich: nien brechet iuwer
zuht <u>durch</u> mich. Iw.179. <u>durch</u> dorne und <u>durch</u>
gedrenge sô vuor ich allen den tac [...]. Iw.268.

**durch, auf, aus,
wegen; a.B.**

Δ **durch daz** *Adv. („Konjunktionaladv.").*
<u>durch daz</u> wære ich gerne bereit ze sprechenne die
wârheit daz gotes wille wære [...]. Greg.35.

deshalb

Δ **durch** *Teil einer Konj. (durch daz).*
<u>durch daz</u> er videlen konde was er der spilman ge-
nant. Nib.1477.4.

da, weil

ê, êr

* **ê**, **êr** *Temporal- und Modaladv.*
do erlasch diu sunne diu <u>ê</u> schein, und zergienc der
vogelsanc, als ez ein swærez weter twanc. Iw.638.

**vorher, früher;
eher, lieber**

* **ê** *Präp. G, D (§ 377).*
<u>êr</u> mînen tagen; <u>ê</u> zît (HWB I, 605).

vor

* **ê**, **êr** *Konj. oder Teil einer Konj. (ê daz, ê danne).*
ich bin ein maget und hân den muot, <u>ê</u> ich in sihe
verderben, ich wil ê vür in sterben. Heinr.562. hie
twelter vierzehen naht, unz daz er sînes lîbes maht
wol widere gewan, <u>ê daz</u> er schiede von dan. Iw.
5621.

**ehe, bevor,
ohne daß**

êre

Δ **êre** *Sb.*
swer an rehte güete wendet sîn gemüete, dem volget
sælde und <u>êre</u>. Iw.1. im was des mannes <u>êre</u> leit,
und beruoft in drumbe sêre und sprach im an sîn
<u>êre</u>. Iw.110.

**(äußere) Ehre,
Ansehen,
Ruhm; Lob,
Anerkennung;
Pracht; a.B.**

gân, **gên** vgl. begân

* **gân** (gên), gie(nc), giengen, (ge)gangen *u. Vb.*
(Wurzelverb § 280).
waz mir dô vreuden benam ein bote der von dem
wirte kam! der hiez uns beide ezzen <u>gân</u>. Iw.349.
und dô ez an den âbent <u>gienc</u>, einen stîc ich dô

**gehen, kommen;
a.B.**

gevienc [...]. Iw.273.

gar, garwe

* **gar, garwe** *Adj. (gar: garwe § 117).*
nû vuorte si diu künegîn gegen der menegîn. der
wunsch was an ir <u>garwe</u>. als der rôsen varwe under
wîze lijen güzze [...], dem gelîchet sich ir lîp. Er.
1698.

bereit, fertig; gar

* **gar, garwe** *Part.*
er ist lasterlîcher schame iemer vil <u>gar</u> erwert, der
noch nâch sînem site vert. Iw.18.

**(ganz und) gar,
vollständig, sehr**

geben

geben, gap, gâben gegeben *st. Vb. V*
dâ wâren pfaffen genuoge: die tâten in die ê zehant.
sî <u>gâben</u> im vrouwen unde lant. Iw.2418. des <u>gît</u>
gewisse lêre künec Artûs der guote [...]. Iw.4

**freigebig sein;
Geschenke ma-
chen; geben; ge-
währen; a.B.**

gern(e) vgl. gern

Δ **gerne** *Modaladv.*
der ich vil gedienet han und ie mere <u>gerne</u> dienen
wil, diust von mir vil unerlan [...]. Wa.57.15. die
helde ûz Hiunen landen, wie <u>gerne</u> si si sach. Nib.
1166.5.

**gern, (bereit-)
willig; mit Ab-
sicht; a.B.**

geschehen vgl. geschiht

Δ **geschehen**, geschach, geschâhen geschehen
*st. Vb. V; zu h: ch s. § 140; zu geschehen in Ver-
bindung mit ze s. § 335.A.1.*
ez <u>geschach</u> mir, dâ von ist ez wâr, (es sint wol nû
zehen jâr) daz ich nâch âventiure reit [...]. Iw.259.
ich unsæliger man, daz sî mîn ouge ie gesach, dô
uns ze scheidennne <u>geschach</u>. Iw.328.

**geschehen, sich
ereignen; ange-
tan werden; a.B.**

gewinnen

Δ **gewinnen**, gewan, gewunnen, gewonnen *st. Vb.
IIIa*
der liebste tac den ich ie <u>gewan</u>, der ist mir hiute wi-
dervarn. Iw.2336.

**gewinnen, er-
werben; erfah-
ren, erleiden; er-
greifen; a.B.**

grôz vgl. michel

Δ **grôz** *Sb. (gelegentlich indekl. Sb. mit G. [§ 394]).*
daz ich niht goldes sô <u>grôz</u> næme sô du bist. (HWB

Größe; Menge

I, 1094).

grôz *Adj.*
ern hât iu niht von im gelogen, der iu tugent von im
seit, wande mich sîn manheit von grôzem kumber
lôste. Iw.5832. dô wart daz weter alsô grôz daz alle
die dâ verdrôz die dar komen wâren [...]. Iw.2537.

**groß, dick,
stark; prächtig;
heftig; schlimm;
bedeutsam**

---

hant, hand-

hant, hand- *Sb. (U hant: hend- § 41).*
vil schône sazte mich sîn hant hinder daz ors ûf daz
lant [...]. Iw.743. sô hân ich iemer leit und bin mit
ganzer arbeit gescheiden von gemache mit maneger
hande sache. Heinr.767.

**Hand; Seite; Art;
mîn hant ('ich')**

Δ **zehant** *Temporaladv.*
zehant er besande die besten von dem lande den er
getruwen solde [...]. Greg.195.

**sogleich, auf der
Stelle**

---

helt, held-

helt, held- *Sb.*
die helde ûz Hiunen landen, wie gerne si si sach.
Nib.1166.5.

Held

---

hie, hier

hie, hier *Lokal- und Temporaladv.*
hie vant ich wîsheit bî der jugent, grôze schœne und
ganze tugent. Iw.339.

hier; nun

---

ie vgl. iemer, nie

* **ie** *Temporaladv.*
ich unsæliger man, daz sî mîn ouge ie gesach, dô
uns ze scheidennne geschach. Iw.328.

**je, immer, je-
mals**

* **ie** *Erstglied einer WBK (iedoch, iegelîch,ieman, iemer, iemitten, ieweder).*

---

komen, kumen

komen (kumen), quam (kam), quâmen (kâmen),
komen *u. Vb. (st. Vb. IV § 248.A.1); zu u: o s.
§ 50.*
und vunden sî mich hinne, daz kæme uns zungewinne. Iw.1255. ez kam alsô daz ich gereit hie
vor in mîner kintheit von hinnen in ein ander lant
[...]. Er.9462.

kommen

küen, kûn

küen, kûn *Adj.*
des hete michel wunder die recken <u>küene</u> und guot.
Nib.1581.7.

kühn

kunnen, künnen

* **kunnen** (künnen), kan, kunde *u. Vb. (Prät. präs.*
§§ 269 - 275); zur Funktion eines Modalverbs s.
§ 276.
nune <u>kunde</u> sich her Îwein niht gehüeten dâ vor
unde valte daz tor [...]. Iw.1102.

können, vermö-gen; wissen, kennen, verste-hen

lant, land-

lant, land- *Sb. (N. A. Pl. -ø).*
sus reit sî verre durch diu <u>lant</u>. Iw.5761. vil schône
sazte mich sîn hant hinder daz ors ûf daz <u>lant</u> [...].
Iw.743.

Land, Erde; Ge-biet; Heimat

lâzen, lân

lâzen (lân), lie(z), liezen, (ge)lân *u. Vb. (kontr.*
Vb. § 287).
'wâ ist nû diu maget diu ir swester hât versaget niuwan durch ir übermuot ir erbeteil unt taz guot daz in
ir vater beiden <u>lie</u>?' Iw.7655.

lassen; frei-, entlassen; ver-lassen; überlas-sen; a.B.

leben

leben *Sb. (N. A. Pl. -ø).*
und möht ich umben tôt mîn <u>leben</u> âne houbetsünde
gegeben, des wurd ich schiere gewert [...]. Iw.
1895.

Leben; Lebens-weise; Orden

leben *sw. Vb.*
er <u>lebete</u> als ein vol karger man ungiudeclîchen [...].
Er.2381.

leben; erleben

lîp, lîb-

lîp, lîb- *Sb. (N. A. Pl. -e § 177.A.4).*
ouwê mir armen wîbe! jan geschach mînem <u>lîbe</u> nie
deheiner slahte guot [...]. Greg.2417.

Leben; Leib, Körper; mîn lîp ('ich')

mêr(e), mê, merre

Δ **mêr(e), mê, merre** *Adj. (Komp. zu michel*
§ 204); zu mêrer, mêrre, merre (Komp. zu mêre)
s. § 204.

größer; bedeu-tender

ez ernwart nie wünne <u>merre</u> dan diu vrouwe und der
herre mit ein ander hâten [...]. Greg.2251. wâ wart
ie triuwe <u>merre</u> dan vriunt bî vriunde vinden sol, die
beide ein ander trûwen wol? Er.4559.

Δ mêr(e), mê *Modaladv.*

mehr; außerdem;
länger; ferner;
sonst; a.B.

ezn gebôt nie wirt <u>mêre</u> sînem gaste grœzer êre. Iw.
355.

___

müezen

müezen, muoz, müezen, muoste *u. Vb. (Prät.
präs. §§ 269 - 275); zur Funktion eines Modalverbs
s. § 276.*

sollen; müssen;
können; mögen

got ruoche mir daz heil bewarn, daz wir gesellen
<u>müezen</u> sîn. Iw.2338.

___

muot vgl. gemüete

___

Δ muot *Sb.*

Sinn, Seele,
Geist; Denken,
Empfinden, Ge-
sinnung; Über-
Hochmut; Ge-
danke, Ent-
schluß, Absicht;
Mut; a.B.

nû kam der <u>muot</u> in ir gedanc: 'bezzer ist verlorn
mîn lîp, ein als unklagebære wîp, dan ein alsô vorder man [...].' Er.3167. ichn versuochte waz daz
wære; und riet mir mîn unwîser <u>muot</u> [...], daz ich
gôz ûf den stein. Iw.634. des gît gewisse lêre künec
Artûs der guote der mit rîters <u>muote</u> nâch lobe kunde strîten. Iw.4. ein wîp die man hât erkant in alsô
stætem <u>muote</u>, diun bedarf niht mêre huote niuwan
ir selber êren. Iw.2890.

___

nâch, nâhe, nâ

___

nâhe, nâ *Adj.*

nahe

wan er nam urloup unde reit, unde suochte dâ zehant den <u>næhsten</u> wec den er vant, und volget einer
strâze. Iw.3824.

nâch, nâhe, nâ *Lokaladv. (nâhen § 207.a.b).*

nahe, in/aus der
Nähe

ir möhtent sitzen <u>nâher</u> baz: ich geheize iu wol daz,
mîn vrouwe enbîzet iuwer niht. Iw.2267.

nâch, nâ *Präp.*

nach

ouwê, lieber herre mîn, jâ stuont daz selbe hiuselîn
<u>nâch</u> iu niht zwelf wochen [...]. Greg.3709. er ist
lasterlîcher schame iemer vil gar erwert, der noch
<u>nâch</u> sînem site vert. Iw.18.

Δ nâhe, nâ *Part.*

genau, beinahe,
fast

sô gar erbarmete sî in, daz im daz herze und der sin
vil <u>nâch</u> was dar an verzaget. Heinr.1201.

nâch *Erstglied einer WBK (nâchvart).*

38 Erster Teil: Grundwortschatz

---

nemen vgl. benemen

---

nemen, nam, nâmen genomen *st. Vb. IV*
hât er die geburt und jugent und dâ zuo ander tugent
[...], ich <u>nim</u> in zeinem manne. Iw.2089.

nehmen, ergreifen; unternehmen; rauben; a.B.

---

nie vgl. ie

---

nie *Neg. und Temporaladv.*
ich gihe noch als ich dô jach, daz ich <u>nie</u> schœner
kint gesach. Iw.315.
nie *Erstglied einer WBK (nieman, niemer).*

nie (-mals)

---

nieman, niemen vgl. man

---

nieman, niemen *Neg. und Pron. (§ 227).*
ezn sprichet <u>niemannes</u> munt wan als in sîn herze
lêret [...]. Iw.194.

niemand

---

noch

---

noch *Temporal- und Kausaladv.*
er hât bî sinen zîten gelebet alsô schône, daz er der
êren krône dô truoc und <u>noch</u> sîn name treit. Iw.8.
noch *Part.*
er ist lasterlîcher schame iemer vil gar erwert, der
<u>noch</u> nâch sînem site vert. Iw.18.
Δ **noch** *Konj. oder Teil einer Konj. (noch/weder/de -
weder...noch; unde...noch [§§ 439 und 456.A.2]).*
dû erlâst dîns nîdes niht daz gesinde <u>noch</u> die geste
[...]. Iw.142. dô begunden sî von zorne toben <u>und</u>
got <u>noch</u> den tiuvel loben. Iw.1271.

noch (heute/ einmal); dennoch

noch, außerdem

und (auch) nicht

---

ob(e)

Δ **ob(e)** *Präp. D, (A, G)*
und <u>ob</u> dem brunnen stât ein harte zierlîcher stein,
undersatzt mit vieren marmelînen tieren. Iw.581.
Δ **ob(e)** *Konj.; zu ob in der Funktion eines Einleitungswortes zu indir. Fragesätzen s. § 467.*
des lâzen wir iu den strît vor allen iuwern gesellen,
<u>ob</u> wir selbe wellen [...]. Iw.118. Êrec der junge
man sîn vrouwen vrâgen began <u>ob</u> erz ervarn solde.
Er.18.

über, auf, oberhalb

wenn, als ob, ob

---

oder, ode, od

---

oder, ode, od *Konj.*
waz touc der muot âne guot <u>oder</u> guot âne muot?

oder

Häufigkeitsgruppe 2 **39**

Greg.613.

recke

recke *Sb.*
des hete michel wunder die <u>recken</u> küene und guot.
Nib.1581.7.

**Krieger, Held;
Abenteurer**

rîten

rîten, reit, riten, geriten *st. Vb. Ia*
ez kam alsô daz ich <u>gereit</u> hie vor in mîner kintheit
von hinnen in ein ander lant [...]. Er.9462.

**reiten; fahren;
sich aufmachen;
sich bewegen**

rîter, ritter

rîter, **ritter** *Sb.; zu rîter: ritter s. § 9.1.*
ich heize ein <u>riter</u> und hân den sin daz ich suochende
rîte einen man der mit mir strîte, der gewâfent sî als
ich. Iw.530.

**Ritter; Kämpfer;
Reiter**

selp, selb-

selp, **selb-** *sog. Identitätspronomen: „selp hat die
jener entgegengesetzte demonstrative Funktion, auf
das Gemeinte zurückzuweisen" (§ 222).*
er verlôs sîn <u>selbes</u> hulde: wan ern mohte die schulde ûf niemen anders gesagen [...]. Iw.3221. des lâzen wir iu den strît vor allen iuwern gesellen, ob wir
<u>selbe</u> wellen. Iw.118.

**derselbe etc.,
selbst; (das)
Selbst**

selp, **selb-** *Teil eines Art. (der selbe)*
unser deheiner was sô laz, heter die künegîn gesehen, im wær <u>diu selbe</u> zuht geschehen diu iu einem
geschach [...]. Iw.128.
Δ **selp** *Erstglied einer WBK (selpherre).*

selb-

stân, stên vgl. bestân, understân

* **stân** (stên), stuont, stuonden, gestanden *u. Vb.
(Wurzelverb § 281).*
sîn ors sach er bî im <u>stân</u>, er hiez die brücke nider
lân. Iw.4977. Keiî leite sich slâfen ûf den sal under
in: ze gemache ân êre <u>stuont</u> sîn sin. Iw.74.

**stehen; sich be-
finden, sein;
standhalten;
dauern; a.B.**

swer/swaz vgl. wer/waz

* **swer/swaz** *Pron. (§ 224.3); zu swer und den
komplementären Formen in der Funktion eines
Relativums s. § 450.*

**wer/was (auch
immer)**

40 Erster Teil: Grundwortschatz

swer an rehte güete wendet sîn gemüete, dem volget
sælde und êre. Iw.1. reiniu wip und guote man,
swaz der nu lebe, die müezen sælic sin. swaz ich
den gedienen kan, daz tuon ich noch [...]. Wa.
91.9.

* **swes** *Interrogativadv. (§ 411).*   **warum**

tac, tag-

tac, tag- *Sb.*   **Tag; Tageszeit;**
wan dehein nôt sô grôz ist, diu sich in eines tages   **Frist; a.B.**
vrist an mînem lîbe genden mac [...]. Heinr.1143.

Δ **des/eines tages** *Temporaladv. (§ 209.g).*   **dann**
des tages muose ersterben vor in manec riter guot.
Nib.206.4.

tôt, tôd-

tôt, tôd- *Sb.*   **Tod**
swes leben ich lobe, des tot den wil ich iemer klagen: so we im der den werden fürsten habe erslagen
von Kölne! Wa.85.9.

tôt, tôd- *Adj.*   **tot, gestorben;**
dô er in dô tôten vant und iuch in selher swære, do   **welk**
versweic er iuch daz mære [...]. Iw.1834.

tôt *Erstglied einer WBK (tôtvîent, tôtwunde).*

ûf

ûf *Präp. A, D*   **auf, zu, bei,**
Artûs und diu künegin, ir ietwederz under in sich ûf   **über**
ir aller willen vleiz. Iw.59. der küneginne was vil
leit daz er alsô junger reit ûf sô grôze reise [...].
Er.144.

ûf *Teil einer Konj. (ûf daz) (§ 463).*
die soltu nu kern zu gotes dineste [...] uf daz du   **damit**
mugest gewissen was du dar mit habes gewunnen.
(zit. nach Paul 1998 § 463).

ûf *Erstglied einer WBK (ûfreht, ûfhimel, ûfsitzen).*

umb(e)

* **umb(e)** *Präp. A, (I)*   **um, gegen, we-**
vil schiere dô gesach ich in allen enden umbe mich   **gen, von**
wol tûsent tûsent blicke [...]. Iw.647.

* **umb(e)** *Teil einer Konj. (umbe daz) (§ 462.4).*   **weil**
diu maget enlie niht umbe daz si enwolde rîten vür-
baz [...]. Er.49.

Häufigkeitsgruppe 2 41

* **umb(e)** *Erstglied einer WBK (umbevart, umbe-gân).*

unz(e)

* **unz(e)** *Präp. A; auch vor einer zweiten Präp. (unz[e] an).* **bis, bis zu**
mîn dinc daz vert nû wol, wan ich in einem winkel sol belîben hinne <u>unz an</u> den tac [...]. Er.264.

* **unz(e)** *Konj. oder Teil einer Konj. (unz[e] daz).* **bis, solange als, während**
zehant huop sich Êrec, <u>unz</u> er in sô nâhen kam daz daz getwerc die rede vernam. Er.73. [...] si enkâmen ûf dem wege ûzer sîner ougen phlege des vil langen tages nie <u>unz daz</u> der âbent ergie. Er.170.

vinden

vinden, vant, vunden, gevunden *st. Vb. IIIa* **finden; wahr-**
ichn tar niht langer bî iu wesen. und <u>vunden</u> sî mich **nehmen; erfin-**
hinne daz kæme uns zungewinne. Iw.1254. **den, dichten**

vor(e)

vor(e) *Präp. G, D* **vor, von**
nû hienc ein tavel <u>vor</u> dem tor an zwein ketenen en-bor [...]. Iw.299.
vor *Erstglied einer WBK (vorburc, vorkempfe).*

vrouwe, vrou vgl. wîp

Δ **vrouwe, vrou** *Sb. (Schwund des <w> § 117).* **Herrin; Dame;** ~~Frau~~ *nicht* Frau
ir habet mînen herrn erslagen. man mac sô jæmerlî- **Gebieterin; Frau**
chez clagen an mîner lieben <u>vrouwen</u> und an dem gesinde schouwen. Iw.1159.

vür(e)

vür(e) *Präp. A* **vor, für, gegen,**
man giht, er sî sîn selbes bote und erlœse sich dâ **um, statt**
mite, swer <u>vür</u> des andern schulde bite. Heinr.26. **über...hinaus;**
vür *Erstglied einer WBK (vürbaz, vürgedanc)* **a.B.**

wer/waz vgl. swer/swaz

wer/waz *Pron.* **wer, was**
sî sprâchen 'warst der man komen, ode <u>wer</u> hât uns benomen diu ougen und die sinne?' Iw.1273.
Δ **wes** *Kausaladv. (Interrogativadv.) (§ 457).* **warum**
muget ir wêniger mir gesagen, <u>wes</u> hânt ir die maget

geslagen? Er.76.

wider

Δ **wider** *Temporal- und Lokaladv.*
dô ich dâ <u>wider</u> ûf gesaz, dô was er komen daz er
mich sach. Iw.708.
wider *Präp. A, D, (I)*
dîn schelten ist ein prîsen <u>wider</u> alle die wîsen. Iw.
151.
wider *Erstglied einer WBK (widerstrît, wider-
kêren).*

**wieder, wiede-
rum; zurück**

**wider, gegen,
im Gegensatz zu**

wie vgl. swie

wie *Modaladv. (Interrogativadv.) (§ 457).*
die stimme gap in widere mit gelîchem galme der
walt. <u>wie</u> dâ sanc sange galt. Iw.618. nû sich <u>wie</u>
ich gewâfent bin. Iw.529.
wie *Teil einer Konj. (wie daz) (§ 466.4).*

wie; warum

wie

wîp, wîb- vgl. vrouwe

Δ **wîp, wîb-** *Sb. (N. A. Pl. -ø).*
dô was gereite dâ bî diu gewaltige Minne, ein rehtiu
süenærinne under manne und under <u>wîbe</u>. Iw.2054.
dô klagete herzenlîche Uote, ein edel <u>wîp</u>, und allez
ir gesinde den sînen wætlîchen lîp. Nib.1051.1.

**Frau; Frau von
niederem Stan-
de; Weib**

wizzen

wizzen, weiz, wizzen, wisse/weste *u. Vb. (Prät.
präs. § 270).*
jâ en<u>weiz</u> nieman wer er ist. Greg.1320.

**wissen; verste-
hen; kennen;
danken**

Häufigkeitsgruppe 3

51 Leitlemmata mit einer Häufigkeit von 200-121 (= 5.73%) in Ha., von 135-82 in Nib. und von 45-28 in Wa.; ihnen zugeordnet 88 Lemmata: 16 Vokabelfälle (*) (18%), 23 semantische Fallen (Δ) (26%) und 49 erschließbare Wörter (56%).

---

aber

Δ **aber** *Temporaladv.*
do erzeicte <u>aber</u> Keiî sîn alte gewonheit: im was des mannes êre leit [...]. Iw.108.
aber *Konj.*
mîn herre was biderbe genuoc: <u>aber</u> jener der in dâ sluoc, der muose tiurre sîn dan er. Iw.2033.
aber *Part. und Part. mit illokutiver Funktion*
weist <u>aber</u> dû, geselle, rehte ob er mich welle. Iw. 2115.

wieder, abermals

aber, dagegen

jedoch, aber [unbetont]

---

arm

Δ **arm** *Sb. vgl. armuot; zu Adj. –> Sb. s. § 394.*
sîns gelückes wâren dô vil herzenlîche vrô <u>arme</u> unde rîche Er.1302.
Δ **arm** *Adj.*
mîn herze ist mînem lîbe unglîch: mîn lîp ist <u>arm</u>, daz herze rîch. Iw.3575.

der Arme/ Elende etc.

arm, gering; unglücklich, elend

---

baz vgl. guot, bezzer, wol

* **baz** *Modaladv. (Komp. zu wol § 211).*
'âventiure? waz ist daz?' 'daz wil ich dir bescheiden <u>baz</u>.' Iw.528.

besser; lieber; mehr; genauer; a.B.

---

biten, bitten vgl. bete

biten (bitten), bat, bâten gebeten *u. Vb. (Präsens mit j-Ableitung V § 254).*
sî <u>bâten</u> got den rîchen [...]. Iw.5204.

bitten; anordnen; auffordern; beten; betteln

---

denken vgl. ge-denken

denken, dâhte, gedâht *u. Vb. (§ 266) (ED dâhte § 36) (RU e: â § 262).*
er <u>gedâhte</u> 'ich enmac daz niht bewarn [...]'. Iw. 911.

denken; verlangen; glauben; a.B.

---

erkennen

erkennen *sw. Vb. (RU e: a § 262); zu erkande s. § 105.4.*
wip muoz iemer sin der wibe hohste name, und

erkennen, verstehen; anerkennen;

44 Erster Teil: Grundwortschatz

tiuret baz dan frowe, als ichz <u>erkenne</u>. Wa.48.38.　　**zuerkennen**

ge-denken

gedenken *u. Vb. (§ 266) (ED dâhte § 36) (RU e: â*　**denken; streben,**
§ 262).　　**wollen; erin-**
des ist sîn geloube kranc. swer <u>gedæhte</u> waz diu　**nern; erwägen;**
minne bræhte, der vertrüege mînen sanc. Wa. 14.2.　**meinen; a.B.**

gelîch(e)　vgl. iegelich

gelîch(e)　*Adj. (§ 225).*　　　　　　　　**gleich, ähnlich;**
sîn menneschlîch bilde was anders harte wilde: er　**ebenbürtig; a.B.**
was einem môre <u>gelîch</u> [...]. Iw.425.
Δ **gelîche** *Modal- und Temporaladv. (§ 225).*　　**gleich, ebenso;**
dise sorgen beide die tâten im <u>gelîche</u> wê. Iw.1534.　**sogleich**

ge-sehen

Δ **gesehen**, gesach, gesâhen, gesehen *st. Vb.* V　**sehen (können);**
ich sach mit minen ougen manne und wibe tougen,　**erblicken; erle-**
daz ich gehorte und <u>gesach</u> swaz iemen tet, swaz ie-　**ben**
men sprach. Wa.9.16.

harte

Δ **harte** *Modaladv. (§ 205); vgl. Adj. herte.*　　**schwer; streng**
der hof enwart vor des noch sît sô <u>harte</u> nie beswæ-
ret [...]. Iw.4620.
Δ **harte** *Part. (§ 210).*　　　　　　　　　　**sehr, höchst**
sold ich dan iemer slâfen! wand mir hât mîn troum
gegeben ein vil <u>harte</u> rîchez leben. Iw.3513.

her(e)

her(e)　*Sb.*　　　　　　　　　　　　　　**Heer, Schar;**
sô bringet der künec Artûs ein <u>her</u>, die sint zen be-　**Volk**
sten erkorn die ie wurden geborn. Iw.1854.
her(e)　*Lokal- und Temporaladv. (häufig in Ver-*　**(hier-) her; bis-**
bindung mit einer Präp. [her ze]).　　　　　　**her**
'herre, vürhtents dînen zorn, sô gebiut in vride <u>her</u>
ze mir.' Iw.514.

hêrlich, -lîche　vgl. hêr

hêrlich *Adj.*　　　　　　　　　　　　　　**vornehm; aus-**
ez koment iuwer brüeder, die künege alle drî, in　**gezeichnet;**
<u>hêrlîchem</u> muote. Nib.1501.　　　　　　　　　**prächtig; stolz**

hêrlîche *Modaladv. (§ 205)*
ine gesach nie videlære sô <u>hêrlîchen</u> stân, als der
degen Volker hiute hât getân. Nib.2007.1.

**prächtig; stolz;
hochgemut**

---

herze

---

herze *Sb.*
ezn sprichet niemannes munt wan daz in sîn <u>herze</u>
lêret [...]. Iw.194.
herze *Erstglied einer WBK (herzebluot, herzeleit,
herzeliebe, herzesêre).*

**Herz, Seele,
Gemüt; Mut;
mîn herze ('ich')**

---

hin(e) vgl. hinnen

---

hin(e) *Lokal- und Temporaladv. (häufig in Verbindung mit einer Präp. [hin ze]).*
'herre, ich muoz iuch eine lân und vil drâte wider
gân <u>hin</u> zuo dem gesinde.' Iw.1511.
hin *Erstglied einer WBK (hinvart).*

**fort, weg, hin;
von jetzt an**

---

iemer, immer vgl. ie , niemer

---

iemer, immer *Temporaladv. (iemêr § 209.c).*
er hât den lop erworben, ist im der lîp erstorben, sô
lebet doch <u>iemer</u> sîn name. Iw.15.

**immer, jederzeit;
fortwährend**

---

jâ

---

jâ *Satzäqu.*
'welt ir allez taz ich wil?' '<u>jâ</u>, michn dunket nihts ze
vil'. Iw.2291.
jâ *zu jâ als Part. mit illokutiver Funktion s. unten
S. 149.*

ja

ja, eben, doch

---

kint, kind-

---

kint, kind- *Sb. (N. A. Pl. -∅).*
dô diu <u>kint</u> wâren komen ze zehen jâren, do ergreif
den vater ouch der tôt. Greg.187.

**Kind; Sohn,
Tochter; Jüng-
ling; a.B.**

---

künec, -ic, küneg-, -ig-

---

künec, -ic, küneg-, -ig- *Sb.; zu ü > ö s. § 50;
zu -ec, -ic s. § 59.3.*
got gibet ze <u>künege</u> swen er wil, dar umbe wundert
mich niht vil, uns leien wundert umbe der pfaffen
lere. Wa.112.30.

König; Prinz

46 Erster Teil: Grundwortschatz

lanc, lang-

Δ **lanc, lang-** *Sb. (gelegentlich indekl. Sb. mit G § 394).* ern vüert sî sunder mînen danc nimmer eines ackers <u>lanc</u>. Iw.4645.	**Länge**
lanc, lang- *Adj.; zu lanc: lenge s. § 199.A.1.* er was starke gezan, als ein eber, niht als ein man: ûzerhalp des mundes tür rageten sî im her vür, <u>lanc</u>, scharpf, grôz, breit. Iw.455.	**lang**
lange *Temporal- und Modaladv. (§ 205).* man gehœret nimer mêre, diu werlt stê kurz ode <u>lanc</u>, sô wünneclîchen vogelsanc [...]. Iw.604.	**lange, seit langem**

leit, leid- vgl. leider

Δ **leit, leid-** *Sb.; zu Adj. –> Sb. s. § 394.* jâ wând ich vreude ân ungemach unangestlîchen iemer hân: seht, dô trouc mich mîn wân. mir nâhte laster unde <u>leit</u>. Iw.690. da weinte ein klosenære, er klagete gote siniu <u>leit</u>: 'owe der babest ist ze junc; hilf, herre, diner kristenheit!' Wa.9.37.	**Leiden; Schmerz; Entehrung, Schande; Böses**
Δ **leit, leid-** *Adj.* im was des mannes êre <u>leit</u>, und beruoft in drumbe sêre und sprach im an sîn êre. Iw.110.	**leid; verhaßt; widerwärtig**

liep, lieb- vgl. liebe

liep, lieb- *Sb.* wan zwei gelieber wurden nie unz ez der tôt undervie, der allez <u>liep</u> leidet sô er <u>liep</u> von <u>liebe</u> scheidet. Er.2208.	**Freude; Geliebter, Geliebte**
liep, lieb- *Adj.* heter im daz durch mich vertragen und het in lâzen genesen, sô wær ich im ze <u>liep</u> gewesen [...]. Iw. 2046.	**lieb, angenehm, erfreulich**

ligen

ligen, lac, lâgen, gelegen *u. Vb. (Präsens mit j-Ableitung V § 254); zu liget: lît s. § 285.* er nam mîn ors und lie mich <u>ligen</u>. Iw.747.	**liegen; fallen; enden**

mâc, mâge

* **mâc, mâge** *Sb.* dô riten allenthalben di wege durch daz lant der drîer künege <u>mâge</u>, die hete man besant [...]. Nib.566.1.	**(Bluts-) Verwandter**

Häufigkeitsgruppe 3   47

---

manec, -ic, maneg-, -ig-

manec, -ic, maneg-, -ig- *Pron.; zu manec:*
mänic s. § 198.A.2; zu -ec, -ic s. § 59.3.
im hete diu minne einen muot gegeben, als sî <u>mane-</u>
<u>gem</u> tuot, daz er den tôt niht entsaz. Iw.1419.
manec, -ic, maneg-, -ig- *Art.; zu manec: mänic*
s. § 198.A.2; zu -ec, -ic s. § 59.3.
in liebte hof und den lîp <u>manec</u> maget unde wîp. Iw.
45.
manec, -ic, maneg-, -ig- *Adj.; zu manec: mänic*
s. § 198.A.2; zu -ec, -ic s. § 59.3.
'wê dir, vil übeler Tôt! daz dû verviuochet sîst! wie
<u>manec</u> bilde dû gîst dîner unbescheidenheit!' Er.
5915.

mancher etc.,
viele

viel-, manch-,

vielfach

---

mære

* mære *Sb.*
nû bitet in sîn <u>mære</u> [...] durch iuwer liebe volsagen. Iw.185. dô diu küniginne diu <u>mære</u> reht' ervant, daz ir bruoder solden komen in daz lant, dô
was ir wol ze muote. Nib.1498.1 *(hier in der Funk-*
tion eines Korrelats: diu mære <-> daz).
* mære *Adj. (§ 199.A.1).*
Rôme diu <u>mære</u> emphie ir rihtære mit lachendem
muote. Greg.3785.

Kunde, Nach-
richt, Erzäh-
lung; Sache;
[Korrelat]

bekannt, be-
rühmt; herrlich;
gewaltig

---

minneclich, -lîche

* minneclich *Adj.*
ir <u>minneclicher</u> redender munt der machet daz man
küssen muoz. Wa.43.37.
* minneclîche *Modaladv. (§ 205).*
Gâwein der tugentrîche gruozte in <u>minneclîche</u> [...].
Er.4898.

lieblich, schön;
liebenswert

liebenswert,
freundlich

---

niemer, nimmer vgl. ie, iemer

niemer, nimmer *Neg. und Temporaladv.*
si erwelte hie nû einen wirt deiswâr von dem sî <u>nie-</u>
<u>mer</u> wirt geswachet noch gunêret. Iw.1587.

nie, niemals, nie
mehr

---

niuwan vgl. wande

* niuwan *Teil einer Konj. (niuwan daz).*
ir ensultz sô niht behalten daz irs iht wellet walten
durch dehein werltlich êre, <u>niuwan daz</u> ir deste mêre
gote rihtet mit dem guote. Greg.2711.

außer daß, es sei
denn

48 Erster Teil: Grundwortschatz

---

* niuwan *Part.*
<u>niuwan</u> eine Kâlogrenant, der spranc engegen ir ûf
zehant. Iw.105.

nur, nichts als,
ausgenommen

---

nôt

nôt *Sb.*
swie michel wær ir jâmer und swie starc ir <u>nôt</u>, dô
vorhte si harte der Nibelunge tôt von ir bruoder
mannen [...]. Nib.1030.1.

Not, Mühe;
Kampf; Not-
wendigkeit;
Schaden

---

rât

Δ rât *Sb.*
swer volget guotem <u>râte</u>, dem misselinget spâte.
Iw.2153. bevindent sîz sô ez ergât, des wirt danne
guot <u>rât</u>. Iw.943. des rockes heter wol <u>rât</u>, wand ez
ein warmer âbent was. Iw.6488. ein schef wart im
gereite, dâ man im an leite zem lîbe vecleclîchen <u>rât</u>,
spîse, sîn golt, sîne wât. Greg.1809.

Rat, Lehre; Rat-
geber; Befehl;
Vorsorge; Vor-
rat; Hilfe

---

rede

Δ rede *Sb.*
ezn wart mir niht bescheiden von dem ich die <u>rede</u>
habe [...]. Iw.8162. 'kint, weder hâstû dich dises
willen selbe bedâht, ode bistû ûf die <u>rede</u> brâht von
bete ode dînes herren drô?' Heinr.1064 *(hier als
Umschreibung für den Gegenstand der rede).*

Rechenschaft;
Vernunft, Spra-
che; Rede; Er-
zählung; Nach-
richt; Sache

---

reht(e)

Δ reht *Sb.; zu Adj. –> Sb. s. § 394.*
dar nâch was niht unlanc unz daz dort her vür
spranc des wirtes samenunge [...], gecleidet nâch ir
<u>rehte</u>. Iw.304. niene trure du, wis fro! sanfte zür-
nen, sere süenen, deis der minne <u>reht</u>, diu herzeliebe wil also. Wa.70.5.

(Standes-)
Recht; Stand;
Pflicht; Schuld;
Urteil; a.B.

reht *Adj.*
ez ist <u>reht</u> daz man sî krœne, diu zuht unde schœne,
hôhe geburt unde jugent, rîcheit unde kiusche tugent, güete und wîse rede hât. Iw.6463.

gerade; recht,
gehörig

reht(e) *Modaladv. (§ 205).*
'nû sol man schouwen alrêrst iuwer vrümekheit dar
an daz ir iuwer leit <u>rehte</u> und redelîchen traget. Iw.
1796.

gehörig; wahr-
heitsgemäß

Δ rehte *Part.*
ouwê daz diu guote in selhem unmuote ist sô <u>rehte</u>

wahrhaft, sehr,
genau

wünneclîch. Iw.1681.

rîch(e)

Δ rîch(e) *Sb.; zu Adj. –> Sb. s. § 394.*
[...] dô wart die brücke nider lân, und sach engegen
im gân sehs knappen wætlîche: sî zæmen wol dem
rîche [...]. Iw.4374. von der rede er niemen schiet,
niuwan daz gelîche arme unde rîche [...] ze sîner
vreude kæmen [...]. Er.193.

Herrschaft, Reich; Kaiser, König; Reichtum; der Edle etc.

Δ rîch(e) *Adj. (§ 199.A.1).*
als diu brûtlouft nam ende, nû schiet mit rîcher hende vil vrœlîchen von dan manec wol sprechender
spilman. Er.2196.

reich; vornehm, edel; reichlich; mächtig; kostbar

Δ rîche *Modaladv. (§ 205).*
[...] daz man ir dô vil schône pflac und sî vil rîche
cleite. Iw.6846.

prächtig, kostbar

scheiden

Δ scheiden, schiet, schieden, gescheiden *st. Vb. VII*
ze mînes wirtes gebote dâ bôt ich mich vil dicke
zuo. dan schiet ich [...]. Iw.394.

trennen; deuten; entscheiden; schlichten; Bescheid geben

schœne vgl. schône

Δ schœne *Sb.*
daz ich von ir gescheiden niht enkan: daz hat ir
schœne und ir güete gemachet [...]. Wa.110.17.

Schönheit; Herrlichkeit; Glanz

schœne *Adj. (§ 199.A.1).*
dâ stât ein capelle bî: diu ist schœne und aber cleine.
Iw.566.

schön, herrlich; hell

sêr(e)

Δ sêr *Sb.*
ez hât von michelm sêre erlôst iuwer ellenthaftiu
hant diz vil riuwige lant [...]. Er.9605.

Schmerz, Qual, Leid, Not ~~Lissere~~

Δ sêr *Adj.*
si frumten manigen haiden sêren. (HWB II, 888).

verwundet, verletzt; betrübt

sêre *Part. und Mod. (§ 210).*
ir sprechet alze sêre den rittern an ir êre. Iw.167.

sehr; heftig,

sin

Δ sin *Sb.*
doch meistert vrou Minne daz im ein krankez wîp
verkêrte sinne unde lîp. Iw.3254. dâ reit der wirt
vor im in. der hete die kunst und den sin daz im dâ

Sinn; Geist, Verstand; Bewußtsein; Kunst; a.B.

50 Erster Teil: Grundwortschatz

von niht arges enwar [...]. Iw.1095. ich wart an allen minen <u>sinnen</u> blint. Wa.121.28

sît

sît *Temporaladv.* sô was her Iwein âne strît ein degen vordes und baz <u>sît</u>. Iw.3027.	**seitdem, darauf, später**
sît *Präp. D, G, (I)* '<u>sît</u> der zît daz ich erste hûs gewan [...] sone wart ich nie zewâre des über ze halbem jâre ichn müese koufen daz korn. Iw.2824.	**seit**
Δ **sît** *Konj. oder Teil einer Konj. (sît daz, sît dô) (§§ 459.10 und 462.1).* 'swaz ir gebietet, daz ist getân. <u>sît</u> ir michs niht welt erlân, sô vernemet ez mit guotem site [...]'. Iw. 243.	**seit, nachdem, da, weil, obgleich, während**

sitzen

sitzen, saz, sâzen, gesezzen *u. Vb. (Präsens mit j-Ableitung V § 254).* do enpfiengen sî mit unsiten alle die in den strâzen stuonden unde <u>sâzen</u>. Iw.6088.	**sitzen; sich niederlassen; wohnen, sich aufhalten**

slahen, slân

* **slahen** (slân), sluoc, sluogen, geslagen *st. Vb. VI (GW h: g § 93); zu sl > schl s. § 155; zu slân s. § 111.* deiswâr ich <u>slahe</u> sî alle drî [...]. Iw.4312.	**erschlagen, töten; schlachten; schmieden; stoßen; a.B.**

sus vgl. alsus

* **sus** *Modaladv.* <u>sus</u> reit er ûz und liez in dâ. Iw.963.	**auf solche Weise, so, also**
* **sus** *Part.* vrouwe, habet gnâde mîn, und lât <u>sus</u> grôzen zorn sîn. Iw.177.	**so, so sehr**

swie vgl. wie

* **swie** *Konj. (§§ 461.2 und 465.5).* sît unser deheiner sîne sach, od <u>swie</u> wir des vergâzen, daz wir stille sâzen, dô möht ouch ir gesezzen sîn. Iw.132. '<u>swie</u> ir welt, alsô wil ich.' Iw.2290. <u>swie</u> ich dar kam gegangen, ichn wart niht wirs en-	**wie auch immer, wiewohl, obgleich, wenn, sobald**

pfangen danne ouch des âbents dô ich reit [...]. Iw.
785.

tragen

tragen, truoc, truogen, getragen *st. Vb. VI*
(Kontraktion treit §§ 108 und 285.a).
er hât bî sînen zîten gelebet alsô schône, daz er der
êren krône dô <u>truoc</u> und noch sîn name <u>treit</u>. Iw.10.

tragen; haben;
halten; bringen;
reichen; ertra-
gen; sich beneh-
men; a.B.

über

über *Präp. A, D*
hie ist ein brunne nâhe bî <u>über</u> kurzer mîle drî.
Iw.553. mîn vrouwe hât mich her gesant, diu ist
künegîn <u>überz</u> lant [...]. Er.34.
über *Erstglied einer WBK (übertragen, überkraft).*

über, nach,
während, ge-
gen, trotz

under

under *Lokaladv.*
den brunnen ich dar <u>under</u> sach, und swes der walt-
man mir verjach. Iw.621.

unten

under *Präp. A, D, G, (I)*
suochent, guote liute, in winkeln und <u>under</u> benken.
Iw.1286.

unter, unterhalb,
bei, zwischen

under *Teil eines Temporaladv (under des, under
wîlen).*
sô tuo ouch <u>under wîlen</u> schîn ob er noch rîters
muot habe [...]. Iw.2854.

zuweilen, in-
zwischen

under *Erstglied eines Vb. (undersagen).*

ûz

ûz *Präp. D*
einen stîc ich dô gevienc: der truoc mich <u>ûz</u> der wilde. Iw.274.

aus...heraus,
von...weg, au-
ßerhalb

ûz *Erstglied einer WBK (ûzvart).*

verliesen, vliesen

* **verliesen** (vliesen) verlôs, verluren, verlorn *st.
Vb. IIb (GW s: r § 93).*
'wie het ich daz verdienet', sprach Gunther der degen, 'des mîn vater lange mit êren hât gepflegen,
daz wir daz solden <u>vliesen</u> von iemannes kraft?
[...]'. Nib.112.1.

verlieren, ver-
spielen; aufhö-
ren; schaden;
aufgeben; a.B.

vernemen

vernemen, vernam, vernâmen, vernomen *st. Vb.*
IV
'waz mære hâstû <u>vernomen</u>?' Iw.2206.

hören, erfahren; begreifen

vreude, vröude

vreude, vröude *Sb.*
durch daz wil ichz diuten: des hoves <u>vreude</u> sprichet
daz. Er.8005.

Freude, Frohsinn

zît

zît *Sb.*
[...] und hulfez iht, ich woldez clagen, daz nû bî
unseren tagen selch vreude niemer werden mac der
man ze den <u>zîten</u> pflac. Iw.49.
* **enzît** *Temporaladv.*
geselle, behüetet daz <u>enzît</u> daz ir iht in ir schulden sît
die des werden gezigen daz sî sich durch ir wîp ver-
ligen. Iw.2787.

Zeit (-alter); Leben, Lebensalter; Tageszeit; Zeitpunkt
beizeiten, sofort

zwêne, zwô

* **zwêne, zwô** *Sb.; zu Zahladj. –> Sb. s. § 234.*
ich weiz ir <u>zwêne</u>, und ouch niht mê, an den sô volleclîchen stê diu tugent [...]. Iw.4087.
* **zwêne, zwô** *Zahladj.*
nû was ez doch ein starkez dinc ze sehenne ein vehten von <u>zwein</u> sô guoten knehten [...]. Iw.6932.

(die) Zwei

zwei

Häufigkeitsgruppe 4

51 Leitlemmata mit einer Häufigkeit von 120-91 (= 3.71%) in Ha.,von 81-62 in Nib. und von 27-21 in Wa.; ihnen zugeordnet 77 Lemmata: 14 Vokabelfälle (*) (18%), 30 semantische Fallen (Δ) (39%) und 33 erschließbare Wörter (43%).

arbeit, arebeit

Δ **arbeit, arebeit** *Sb.*
nû ist iuwer <u>arbeit</u> sæleclîchen an geleit: iu hât erworben iuwer hant ein schœne wîp und ein lant. Iw.2779.

Mühe; Anstrengung; Dienst; Bedrängnis; a.B.

bekant

bekant *Adj.*
jâ sint iu doch genuogen diu mære wol <u>bekant</u>. Nib. 1853.1.

bekannt, berühmt; erkennbar

belîben

belîben, beleip, beliben, beliben *st. Vb. Ia*
diu vrouwe <u>beleip</u> mit ungehabe alters eine bî dem grabe. Iw.1597.

bleiben; zurückbleiben; übrigbleiben; a.B.

beste, bezziste

beste, bezziste *Sb. (Sup. zu guot [§ 204], suppletive Bildung).*
den <u>besten</u> nam er dâ zehant, den er niht verdagete. Iw.950.

der Beste etc.

beste, bezziste *Adj. (Sup. zu guot [§ 204], suppletive Bildung).*
daz <u>beste</u> heil daz mir geschach, daz was daz ich mîn sper zebrach. Iw.741.

best-, größt-

beste, bezziste *Modaladv. (Sup. zu wol [§ 211], suppletive Bildung).*
sô man aller <u>beste</u> gedienet hât dem ungewissen manne, sô hüete sich danne daz ern iht beswîche. Iw.3856.

am besten

bluome

bluome *Sb.*
ich saz uf eime grüenen le, da ensprungen <u>bluomen</u> unde kle zwischen mir und eime se: der ougenweide ist da niht me. Wa.75.32.

Blume; Blüte

bringen

bringen, brâhte, brâhten, (ge)brâht *u. Vb. (§ 267).*

bringen; hervor-

er kumt iu selbe morgen und <u>bringet</u> mit im eine maget [...]. Er.1255.

bringen; leisten; gewähren; a.B.

dicke, dic

Δ **dicke, dic** *Sb.*
dô der turnei stânde wart, dô sach man in sô dicke niender als in der <u>dicke</u>, dâ er muoste emphâhen unde geben. Er.2625.

Dickicht; Gedränge; Kampf

dicke, dic *Adj.; zu dic, dicke s. § 199.A.1.*
diu [linde] ist sîn schate und sîn dach. si ist breit hôch und alsô <u>dic</u> daz regen noch der sunnen blic niemer dar durch enkumt [...]. Iw.574.

dick; fest; voll

Δ **dicke** *Temporaladv.*
vervluochet und verwâzen wart vil <u>dicke</u> der tac dâ sîn geburt ane lac. Heinr. 160.

häufig

dinc, ding-

Δ **dinc, ding-** *Sb.*
mir ist ein <u>dinc</u> wol kunt: ezn sprichet niemannes munt wan als in sîn herze lêret [...]. Iw.193.

Ding, Gegenstand, Sache; Wesen; Art; Ereignis; a.B.

drî(e)

drî(e) *Sb.; zu Zahladj. –> Sb. s. § 234.*
und nennet mir danne mê die zwêne umbe diez sô stê, der ietweder sô vrum sî daz er eine væhte wider <u>drî</u>. Iw.4105.

(die) Drei

drî(e) *Zahladj.*
wan ez sint <u>drî</u> starke man die mich alle sprechent an. Iw.4085.

drei

dunken, dünken

dunken (dünken), dûhte, dûhten, gedûht *u. Vb.* *(§ 266)(ED dûhte § 36)(RU ü: û § 262).*
dô sî daz heten vernomen, daz <u>dûhte</u> si rîterlich und guot. Iw.904.

dünken, (er-) scheinen, aussehen

enpfâhen, enpfân

* **enpfâhen** (enpfân), enpfienc, enpfiengen, enpfangen *u. Vb. (GW h: g § 93) (ED § 36); zu <ph, pf> s. § 20; zum Schwund des <h> s. § 111.*
swie ich dar kam gegangen, ichn wart niht wirs <u>enpfangen</u> danne ouch des abents dô ich reit. Iw. 785.

empfangen, begrüßen; erwerben

ergân, ergên

* **ergân** (ergên), ergienc, ergiengen, ergangen
(ergân) *u. Vb. (§ 280).*
hie mite was der zorn ergân. Iw.3143.

geschehen; enden; umhergehen; treffen; a.B.

gast

Δ **gast** *Sb. (U gast: gest- § 41).*
ezn gebôt nie wirt mêre sînem gaste grœzer êre.
Iw.355.

Gast; Fremder; Feind

genâde, gnâde

Δ **genâde, gnâde** *Sb.*
mich hat ein halm gemachet fro: er giht, ich sül genade vinden. ich maz daz selbe kleine stro, als ich
hie vor sach von kinden. Wa.66.5.

Gnade; Erbarmen; Güte; Gunst; Dank; Hilfe; a.B.

genuoc, genuog-, gnuoc, gnuog-

Δ **genuoc, gnuoc** *Sb. (indekl. Sb. mit G [§ 394]).*
si brach ir zuht und ir site. sî hete leides genuoc; zuo
den brüsten si sich sluoc [...]. Heinr.1283.

hinreichend große Menge; Fülle

genuoc, genuog-, gnuoc, gnuog- *Adj.*
er hete künste gnuoge, zuht unde vuoge. Greg.
1240.

viel, reich (-lich)

genuoc, gnuoc *Part. (§ 210).*
mîn herre was biderbe genuoc: aber jener der in
sluoc, der muose tiurre sîn dan er [...]. Iw.2033.

völlig, sehr

heizen

heizen, hiez, hiezen, geheizen *st. Vb. VII*
herre, heizet etewen komen von iuwerme gesinde,
der sichs underwinde. Iw.2604. vrou Laudîne hiez
sîn wîp. Iw.2421.

heißen, genannt werden; befehlen

hœren

hœren *sw. Vb. (RU œ: ô § 262).*
ich hôrte ie die liute jehen, ir wæret biderbe unde
guot und hetet vesten mannes muot. Heinr.1314.

hören; gehören; gehorchen

hûs

hûs *Sb. (N. A. Pl. -∅).*
ouch sint verbrunnen grôziu hûs von wênigem viure. Er.9059.

Haus; Wohnung; Schloß

56 Erster Teil: Grundwortschatz

iht, ieht, iet

* **iht, ieht, iet** *Pron. mit G (§ 232); zu ihtes s.*
§ 356.
sî sprach 'welt ir <u>iht</u> ezzen? Iw.1218. nune habe wir
nieman mêre der dâ ze kemenâten uns getürre râten
daz uns mîn vrouwe <u>iht</u> guotes tuo [...]. Iw.5210.

(irgend-) etwas

* **iht, ieht, iet** *Part.; zu iht als Part. mit illokutiver*
Funktion s. unten S. 149.
mich jâmert wærlîchen, und hulfez <u>iht</u>, ich woldez
clagen, daz nû bî unseren tagen selch vreude niemer
werden mac [...]. Iw.48.

etwas; etwa

jehen

* **jehen,** jach, jâhen, gejehen *st. Vb. V (h: ch § 140);*
zu jihe: gihe s. § 20.
ich <u>gihe</u> noch als ich dô <u>jach</u>, daz ich nie schœner
kint gesach. Iw.315.

sagen; behaupten; beichten; bezichtigen; anerkennen; a.B.

klagen

klagen *sw. Vb. (klaget-: kleit- § 108).*
da weinte ein klosenære, er <u>klagete</u> gote siniu leit:
'owe der babest ist ze junc; hilf, herre, diner kristenheit!' Wa.9.37.

klagen, betrauern; Klage vorbringen

kraft

Δ **kraft** *Sb. (U kraft: kreft § 41).*
dâ was mit volleclîcher <u>kraft</u> wirde unde wirtschaft.
Iw.6553. nû muostu dich dîner armuot schamen. nû
was touc dîn ritterschaft, du enhetest guotes die
<u>kraft</u> ? Er.1666.

Kraft; (Heeres-) Macht; Fülle

legen

legen *sw. Vb. (leget-: leit- § 107).*
Gâwein ahte umb wâfen: Keiî <u>leite</u> sich slâfen ûf
den sal under in: ze gemache ân êre stuont sîn sin.
Iw.73.

legen

maget, meit

Δ **maget, meit** *Sb.; zur Kontr. meide, meit s.*
§ 107.A.1.2.
in liepte hof und den lîp manec <u>maget</u> unde wîp, die
schœnsten von den rîchen. Iw.45.

Jungfrau, Mädchen; Dienerin; Magd

Häufigkeitsgruppe 4 **57**

marcgrâve

marcgrâve *Sb.*
dem gap vil rîchiu kleider des <u>marcgrâven</u> kint.
Nib.1703.6.

Markgraf

---

minne vgl. minnen

Δ **minne** *Sb.*
nideriu <u>minne</u> heizet diu so swachet daz der lip nach
kranker liebe ringet: diu <u>minne</u> tuot unlobeliche we.
Wa.47.5. vrou <u>Minne</u> nam die obern hant, daz sî in
vienc unde bant. Iw.1537.

Δ **minne** *Erstglied einer WBK (minnekraft, minne-bant).*

Liebe, Zunei-gung; Freund-schaft; Schlich-tung; a.B.

---

nennen

nennen *sw. Vb. (RU e: a § 262); zu nande s.
§ 146.*
ein ritter sô gelêret was daz er an den buochen las
swaz er dar an geschriben vant; der was Hartman
<u>genant</u> […]. Heinr.1.

nennen; festset-zen; ernennen

---

pflegen

Δ **pflegen**, pflac, pflâgen, gepflegen *st. Vb. V; zu
<ph, pf> s. § 20.*
dô sprach der sî dâ trôste, der rîter der des lewen
<u>pflac</u> […]. Iw.4956.

pflegen, sorgen für; umgehen mit; behüten; betreiben; a.B.

---

râten

râten, riet, rieten, gerâten *st. Vb. VII*
daz ich iu ê <u>gerâten</u> hân, daz hân ich gar durch guot
getan […]. Iw.1989.

raten; überden-ken; befehlen

---

ros, ors

ros, **ors** *Sb.; zu ros: ors s. § 122.*
diu <u>ross</u> si wolden dannen ziehen an gemach. Nib.
76.1.

(Streit-) Roß

---

sanc

sanc *Sb.*
sie verwizent mir daz ich so nidere wende minen
<u>sanc</u>. Wa.49.31.

Gesang, Lied; Musik

58 Erster Teil: Grundwortschatz

schiere

* **schiere** *Temporaladv.*
vil <u>schiere</u> sach her Îwein den boum, den brunnen,
den stein […]. Iw.989.

sogleich, bald

snel, snelle

Δ **snel** *Adj.*
dô si daz gehôrten, dô garte sich ir mêr, vier hundert <u>sneller</u> recken. Nib.1769.1.

tapfer; eifrig; schnell, behende

Δ **snelle** *Modaladv. (§ 205).*
diu ross si wolden dannen ziehen an gemach. Sîvrît
der vil küene, wie <u>snelle</u> er dô sprach. Nib.76.1.

rasch, schnell; tapfer

solich, solch, sölch

solich, **solch**, **sölch** *Art. (§ 225).*
ouwê daz diu guote in <u>selhem</u> unmuote ist sô rehte
wünneclîch! Iw.1681.

solch-

stat(e)

Δ **stat** *Sb. fem. (U stat: stet § 41).*
nû was im sô nâhen bî diu <u>stat</u> dâ man in leite, daz
er sam gereite hôrte alle ir swære sam er under in
wære. Iw.1426.

Ort, Stelle, Stätte

Δ **stat(e)** *Sb. fem.*
ze welhen <u>staten</u> ich iu kam, dô ich iuch von dem
tôde nam. Iw.3143.

Lage, Gelegenheit; Hilfe

Δ **stat**, **stad-** *Sb. mask., neutr.*
ein klôster an dem <u>stade</u> lac, des ein geistlich abbet
phlac. Greg.943.

Ufer, Strand

strît vgl. strîten

Δ **strît** *Sb.*
vrouwe, durch daz sît gemant, welt ir den brunnen
und daz lant niht verliesen âne <u>strît</u>, sô warnet iuch
der wer enzît […]. Iw.1857.

Streit; Kampf; Begehren; Wettstreit

stunde, stunt

stunde, **stunt** *Sb. (häufig in Verbindung mit einer Präp. [bî der stunde, in der stunde, under stunden, ze stunde]).*
nû wâren ouch <u>zer stunde</u> vür komen ûf den selben
muot gesellen zwêne, ritter guot. Er.2421.

Stunde; Zeit (-punkt); Frist; Augenblick

Häufigkeitsgruppe 4   **59**

Δ **ze stunde** *Temporaladv.*   `sogleich`
si riefen dâ ze stunde mit gelîchem munde [...]:
'ritter, gêret sî dîn lîp [...]!' Er.9666.

* **stunt** *Teil eines Temporaladv. (tûsent-stunt § 355).*   **-mal ('tausend-**
sî underkusten tûsentstunt ougen wangen unde   **mal')**
munt. Iw.7503.

---

swære

Δ **swære** *Sb.; zu sw > schw s. § 155.*   **Leid, Kummer,**
der begunde in sagen ein mære, von grôzer sîner   **Bedrängnis; Ge-**
swære [...]. Iw.93.   **wicht**
Δ **swære** *Adj.; vgl. Adv. swâre (§ 205).*   **schmerzlich,**
da gesach ich mir vil leide ein swære ougenweide,   **leid; betrübt; wi-**
aller der tiere hande die man mir ie genande, vehten   **derwärtig**
unde ringen mit eislîchen dingen. Iw.403.

`triuwe`, `trûwe`

Δ **triuwe**, **trûwe** *Sb. (Schwund des <w> § 117).*   `Treue; Zuverläs-`
si ist iu ze edel und ze rîch daz ir sî kebsen soldet,   `sigkeit; Pflicht;`
ob ir erkennen woldet waz rîters triuwe wære.   `Versprechen;`
Iw.3170. ich gibe iu mîne triuwe und sicherlîche   `Wort`
hant, daz ich mit iu rîte heim in iuwer lant. Nib.
2340.1.

* **entriuwen**, **entrûwen** *Satzäqu.*   **wahrlich, in**
'entriuwen, lieber herre mîn, iuwer wirt vil guot   **Wahrheit**
rât.' Heinr.916.

---

vâhen, **vân**

---

* **vâhen** (vân), vienc, viengen, gevangen *u. Vb.*   **fassen, fangen;**
(§ 284) (GW h: g § 93) (ED § 36); zum Schwund   **festhalten; um-**
des <h> s. § 111.   **fangen; verste-**
sus was mîn her Îwein zwischen disen orten zwein   **hen; annehmen;**
beslozzen und gevangen. Iw.1127.   **anfangen; a.B.**

`var(e)n`

Δ **var(e)n**, vuor, vuoren, gevarn *st. Vb. VI; zur*   `fahren, gehen;`
Synkope des nebentonigen <e> s. § 54.   `kommen; sich`
durch dorne und durch gedrenge sô vuor ich allen   `benehmen; un-`
den tac [...]. Iw.268. mîn dinc daz vert nû wol   `ternehmen; le-`
[...]. Er.264. do uns der kurze sumer sin gesinde   `ben; aufgeben;`
wesen bat. der brahte uns varnde bluomen unde   `a.B.`
blat. Wa.13.22.

60 Erster Teil: Grundwortschatz

---

verre, ver

---

* **verre** *Adj.*
ouch gedâhte der juncherre, im wære daz ze <u>verre</u>,
ob er zen selben zîten hin wider wolde rîten dâ er sînen harnasch hâte [...]. Er.150.

fern, entfernt; fremd

* **verre, ver** *Lokaladv.*
herre, ez ist unser lant der Juncvrouwen wert genant
und lît von hinnen <u>verre</u>. Iw.6325.

fern, entfernt, weit

* **verre** *Part. (§ 210).*
sî hiez mich iuch [...] manen harte <u>verre</u>. Iw.6049.

sehr

---

vrô

---

vrô *Adj.*
sî sprach 'ir muget wol wesen <u>vrô</u> [...]. Iw.1761.
vrô *Adv.*
nû varent sî <u>vrô</u> und wol gesunt. Iw.5958.

froh, heiter, er-freut

froh, heiter

---

vüeren

---

vüeren *sw. Vb. (RU üe: uo § 262).*
an ein daz schœneste gras daz diu werlt ie gewan,
dâ <u>vuorte</u> sî mich an [...]. Iw.334.

führen, leiten; treiben; bringen; a.B.

---

vürste

---

vürste *Sb.*
swes leben ich lobe, des tot den wil ich iemer klagen: so we im der den werden <u>fürsten</u> habe erslagen
von Kölne! Wa.85.9.

Fürst, Landes-herr; Vornehm-ster

---

war(e)

Δ **war(e)** *Sb. (oft in Verbindung mit nemen, tuon, haben).*
maneger biutet diu ôren dar: ern <u>neme</u>s ouch mit
dem herzen <u>war</u>, sone wirt im niht wan der dôz
[...]. Iw.251.

Wahrnehmung; Gesichtskreis; Acht; Aufmerk-samkeit

Δ **war** *Lokaladv. (§ 223); zu war in der Funktion ei-nes Interrogativums s. § 457.*
<u>war</u> möht ich nû gerîten? Iw.6158. er sprach: 'her-
re, und wærez iu niht leit, ich vrâgete iuch mære
<u>war</u> iuwer wille wære.' Er.3515. *(hier in der Funk-tion eines Interrogativums).*

wohin

---

wâr

Δ **wâr** *Sb.*
ez hete der herzoge Îmâîn hôchzît dâ vor zwei jâr:

Wahrheit; Recht

saget diu âventiure <u>wâr</u>, sô hete er si dô zem dritten.
Er.183.

wâr *Adj.*   **wahr, wahrhaft,**
ez geschach mir, dâ von ist ez <u>wâr</u>, (es sint nû wol   **wirklich**
zehen jâr) daz ich nâch âventiure reit [...]. Iw.259.

vürwâr *Mod.*   **fürwahr, wahr-**
durch dorne und durch gedrenge sô vuor ich allen   **lich**
den tac, daz ich <u>vür wâr</u> wol sprechen mac daz ich
sô grôze arbeit nie von ungeverte erleit. Iw.268.

* **zewâre** *Mod.*   **fürwahr, wahr-**
ouch wâren im die ôren als einem walttôren vermie-   **lich**
set <u>zewâre</u> mit spannelangem hâre [...]. Iw.439.

* **zewâre** *Satzäqu.*   **ach**
diz kint ist alsô wünneclich, <u>zewâre</u>, jâ enmac ich
sînen tôt niht gesehen. Heinr.1273.

---

wec, weg-

wec, weg- *Sb.*   **Weg, Straße**
dâ wârn die <u>wege</u> manecvalt. Iw.264.

Δ **alle wege**, **den wec** *Temporaladv. (§ 209.b).*   **immer**
er antwurt sich in sîne pflege, alser in sît <u>alle wege</u>
mit sînem dienste êrte und volgt im swar er kêrte
[...]. Iw.3877.

---

werlt, werlde

Δ **werlt, werlde** *Sb.; zu werlde s. § 184.A.1, A.4.*   **Welt, Erde;**
alsus kunde er gewinnen der <u>werlte</u> lop und prîs.   **Menschen (-**
Heinr.72. <u>welt</u>, du ensolt niht umbe daz zürnen, ob   **geschlecht);**
ich lones man. Wa.60.13.   **Zeitalter**

Δ **werlt** *Erstglied einer WBK (werltwünne).*

---

wille

wille *Sb.*   **Wille, Verlan-**
Artûs und diu künegin, ir ietwederz under in sich ûf   **gen; Entschluß;**
ir aller <u>willen</u> vleiz. Iw.59.   **Absicht**

---

wirt

Δ **wirt** *Sb.*   **Haus-, Burg-**
der <u>wirt</u> mich anderstunt enpfienc. ezn gebôt nie   **herr; Gastfreund**
<u>wirt</u> mêre sînem gaste grœzer êre. Iw.354.

Häufigkeitsgruppe 5

73 Leitlemmata mit einer Häufigkeit von 90-61 (= 3.35%) in Ha., von 61-41 in Nib. und von 20-14 in Wa.; ihnen zugeordnet 113 Lemmata: 20 Vokabelfälle (*) (18%), 28 semantische Fallen (Δ) (25%) und 65 erschließbare Wörter (57%).

---

ab(e)

ab(e) *Präp. D, (G)*
er wirfet diu ougen <u>abe</u> mir. Heinr.417.
ab(e) *Erstglied einer WBK (ab[e]stôzen).*

von, aus, vor, über, wegen

---

alsus vgl. sus

alsus *Adv. („Konjunktionaladv.").*
daz kint daz dâ ist geslagen, daz muoz ich wol weinen unde clagen: <u>alsus</u> clag ich von schulden. Iw. 723.

so; folgendermaßen

alsus *Part.*
sî sprach 'lieber herre, sô stüende iuch al ze verre ze wâgen ein als vorder lîp um ein <u>alsus</u> armez wîp.' Iw.4315.

so, also

---

alt

alt *Sb.; zu Adj. –> Sb. s. § 394.*
sîn hende habete er vür sich [...] und gienc dâ er den <u>alten</u> sach. Er.298.

der Alte etc.

alt *Adj.*
dô erzeicte aber Keiî sîn <u>alte</u> gewonheit [...]. Iw. 108.

alt, erwachsen, älter; vergangen

Δ alt *Erstglied einer WBK (altherre).*

---

benemen vgl. nemen

Δ benemen, benam, benâmen, benomen *st. Vb IV*
als ich under wilen zir gesitze, so si mich mit ir reden lat, so <u>benimt</u> si mir so gar die witze, daz mir der lip alumme gat. Wa.115.22.

(weg-) nehmen, entreißen; beenden

---

bestân, bestên vgl. stân, understân

Δ bestân (bestên), bestuont, bestuonden, bestanden *u. Vb. (§ 281).*
swer iu mit lêre <u>bestât</u>, deist ein verlorniu arbeit. Iw.202.

erhalten; überleben; bleiben; standhalten; angreifen; a.B.

---

ende

ende *Sb.*
'wer ist der uns des wende wirn geben der rede ein <u>ende</u>?' Iw.2359.

Ende, (Ab-) Schluß; Ziel; Erklärung; a.B.

64 Erster Teil: Grundwortschatz

Δ **in allen enden** *Modal- und Lokaladv.*
nû wurden si alsô drâte under in ze râte daz si die
vrouwen bæten [...] daz si einen man næme der in
ze herren gezæme: daz wære in allen enden guot.
Greg.2199.

in jeder Beziehung; überall

des endes *Lokaladv. (§ 299.f).*
des gestiurtes unser herre, daz sî des endes kêrte dar
nâch als sî lêrte von dem horne der schal. Iw.5798.

dort; dorthin

---

ersehen, ersên

---

ersehen (ersên), ersach, ersâhen, ersehen *st. Vb.*
V; zu h: ch s.§ 140.
dô sî den gast ersâhen, dô begundens gâhen, diu
vrouwe und der herre [...]. Iw.6471.

sehen, erblikken; erkennen; erfahren; a.B.

---

erslahen, erslân

---

erslahen (erslân), ersluoc, ersluogen, erslagen *st.*
Vb. VI (GW h: g § 93); zu sl > schl s. § 155; zu erslân s. § 111.
ich wil iu zewâre sagen, er hât Êrecken erslagen und
ist durch ruom her komen [...]. Er.1186.

erschlagen, töten; vernichten

---

gâbe

---

gâbe *Sb.*
diu gâbe was mit êren an den recken gewant. Nib.
1701.7.

Geschenk, Gabe; Spende

---

gâch, gâh(e), gæhe

---

* **gâch, gâh(e), gæhe** *Sb.*
niuwan schilt unde sper hâten si ze wer genomen:
daz was von ir gæhe komen. Er.4108.

Eile, Schnelligkeit

* **gâch, gâh(e), gæhe** *Adj. (§ 199.A.1).*
rât ich iu wol, sô volget mir. iu ist mit der rede ze
gâch: slâfet ein lützel darnâch. Iw.826.

schnell, eilig; ungeduldig

* **gâch, gâh(e), gæhe, gâhes, in allen gâhen**
Modaladv.
mir ist ze spilne geschehen ein gâch geteiltez spil:
ezn giltet lützel noch vil, niuwan al mîn êre.
Iw.4872.

plötzlich, unversehens, schnell

---

gemach(e) vgl. ungemach

Δ **gemach(e)** *Sb.*
man hiez den gesten schenken und schuof in ir gemach. Nib.408.1.

Bequemlichkeit, Ruhe, Erholung; Glück; Pflege

Häufigkeitsgruppe 5 **65**

Δ **gemach(e)** *Adj.*
Artûs der herre gap im swaz er vor gesprach. doch was er im dar an gemach daz es in iht bevilte. Er. 2269.

angenehm; rücksichtsvoll

Δ **gemache** *Modaladv.*
HWB I, 832.

bequem, gemächlich

genesen

Δ **genesen**, genas, genâren, genesen *st. Vb V (GW s: r § 93).*
hien sol niht vrides mêre wesen: wert iuch, ob ir welt genesen. Iw.729.

am Leben bleiben, verschont bleiben; genesen, sich erholen; a.B.

ger(e)n vgl. gern

ger(e)n *sw. Vb.*
dû hâst einen tumben gedanc, daz dû sunder sînen danc gerst ze lebenne einen tac [...]. Heinr.1243.

begehren, verlangen, wollen, fordern

ge-ruochen vgl. ruochen

* **geruochen** *sw. Vb.*
der wirt dô des geruochte daz er engegen ir gienc [...]. Iw.5940.

wünschen; sich kümmern; geruhen; beabsichtigen

geselle

Δ **geselle** *Sb.*
[...] ich hân gesehen ê den tac daz iuwer vater der künec Lac mich gesellen nande. Er.552.

Freund, Gefährte; Geliebter; Getreuer

gewalt

Δ **gewalt** *Sb.*
in ir gewalt sult ir iuch ergeben und lebet swie si iuch heize leben. Er.1084.

Gewalt, Kraft; Herrschaft, Reich; a.B.

Δ **gewalt** *Adj.*
HWB I, 972.

mächtig, gewaltig

grœzlich, -lîche

* **grœzlich** *Adj.*
die recken von dem Rîne im sageten grœzlîchen danc. Nib.1976.7.

groß; schlimm, heftig

* **grœzlîche** *Modaladv. (§ 205).*
ir tâten sîne krefte harte grœzlîchen wê. Nib.676.7.

heftig, gewaltig; inständig

* **grœzlîche** *Part.*
des wart vil grœzlîche gejehen. Er.2484.

sehr, viel

66 Erster Teil: Grundwortschatz

heil

heil *Sb.*
under al dem liute 'got gebe dir heil hiute' sprach
ein gemeiner munt. Er.752.
heil *Adj.*
mîn sælde ist gar versêret, die wold ich gerne machen heil (HWB I, 1210).

Gesundheit; Glück; Hilfe; a.B.
gesund, heil; gerettet

helfen

helfen, half, hulfen, geholfen *st. Vb. IIIb*
deiswâr ich slahe sî alle drî, ich hilfe iu von dirre
nôt, od ich gelige durch iu tôt. Iw.3412.

helfen; nützen

hêr(e) vgl. hêrlich

hêr(e) *Adj.*
guot was ie genæme, iedoch so gie diu ere vor dem
guote: nust daz guot so here, daz ez gewaltecliche
vor ir zuo den frowen gat. Wa.31.17.

hoch, vornehm, herrlich; stolz

hey, hî

hey, hî *Satzäqu. (§ 435).*
hey [,] waz er tiefer wunden durch die helme sluoc!
Nib.1945.3.

heißa

holt vgl. hulde

holt *Adj.; zu hulde: holt s. § 34.*
er het daz wol verdienet, der künec was im holt.
Nib.259.3.

gewogen, günstig; **freundlich**

inne, innen

inne *Sb.*
in der inne siufzen (HWB I, 1438).
inne, innen *Lokaladv. (oft in Verbindung mit dar,
hie) und Temporaladv. (in Verbindung mit des oder
diu).*
als ir selbe muget warten, hiest inne michel wünne
von aller vogele künne und von missevarwer bluot
[…]. Er.9545.
inne *Präp. G*
dâ vindet ir inne des ein her. Er.7625.

(das) Innere

inne, inwendig

innerhalb

junc, jung-

junc, jung- *Sb.; zu Adj. –> Sb. s. § 394.*

der Junge etc.

von der rede er niemen schiet, niuwan daz gelîche
arme unde rîche, alte unde <u>junge</u> durch schœne han-
delunge ze sîner vreude kæmen [...]. Er.193.

junc, jung- *Adj.*   **jung; letzt-**
ob dû den tôt lîden muost unde daz niht gerne tuost,
sô ist dîn <u>junger</u> lîp tôt [...]. Heinr.1079.

* ze jungest(e) *Temporaladv. (§ 211.A.2).*   **zuletzt**
er wil mit zornlîchen siten <u>ze jungest</u> anz gerihte komen (HWB I, 1490).

junc *Erstglied einer WBK (juncvrouwe).*

---

keiser

keiser *Sb.*   **Kaiser**
do riet er den unwisen daz si den <u>keiser</u> liezen haben
sin küneges reht, und got swaz gotes wære. Wa.
11.27.

---

kêren vgl. verkêren

kêren *sw. Vb (RU ê: â § 262).*   **kehren, wenden;**
nû sô er heim komen ist, dô <u>kêrte</u> er allen sînen list   **zuwenden**
an vrouwen Ênîten minne. Er.2928.

---

kneht

kneht *Sb.*   **Knabe; Kerl;**
si kiesent künege unde reht, si setzent herren und   **Diener; Knappe**
<u>kneht</u>. so we dir, tiuschiu zunge, wie stet din or-
denunge. Wa.9.6.

---

kumber

kumber *Sb.; zu mb > mm s. § 125.*   **Kummer; Not,**
mir ist iuwer <u>kumber</u> leit: und wizzet mit der wâr-   **Mühsal; Be-**
heit, sô sêre erbarmet ir mich, ich benæmen iu ger-   **drängnis**
ne, möht ich. Iw.6413.

---

künigin, küniginne vgl. künec

künigin, küniginne *Sb.; zu ü > ö s. § 50.*   **Königin, Prin-**
der künec und diu <u>künegin</u> die heten sich ouch un-   **zessin**
der in zehanden gevangen [...]. Iw.77.

---

kunt, kund-

kunt, kund- *Adj.; zu kunt, künde s. § 199.A.1.*   **bekannt**
mir ist ein dinc wol <u>kunt</u>: ezn sprichet niemannes
munt wan als in sîn herze lêret [...]. Iw.193.

68 Erster Teil: Grundwortschatz

---

lewe, leu

lewe, leu *Sb.; zu e > ö s. § 48; zum Schwund von
<w> s. § 117.*
sî vahtens bêdenthalben an, hie der lewe, dort der
man. Iw.5405.

Löwe

---

lîden

lîden, leit, liten, geliten *st. Vb. Ia (GW d: t § 93).*
diu vrouwe grôzen kumber leit [...]. Er.3450.

**über sich erge-
hen lassen, er-
tragen, leiden**

lîht(e)

* **lîhte** *Sb.*
sich an die lîhte lâzen (HWB I, 1919).

**Leichtigkeit;
Leichtsinn**

Δ **lîht(e)** *Adj. (§ 199.A.1).*
lieze ich die himelkrône, sô hete ich alwæren sin,
wan ich doch lîhtes künnes bin. Heinr.1168.

**leicht; unbestän-
dig; gering**

lîhte *Modaladv. (§ 205).*
nu erzeicte der tôre zehant daz der tôre und diu kint
vil lîhte ze wennene sint. Iw.3320.

leicht

lîhte *Mod.*
ich wil im mînes brôtes geben: sô lât er mich vil lîhte leben. Iw.3301.

**vielleicht, mög-
licherweise**

---

liut(e), lût

Δ **liut(e), lût** *Sb.*
daz selbe wort ist unerkant uns tiuschen liuten:
durch daz wil ichz diuten [...]. Er.8003.

**Volk, Men-
schen, Leute**

---

machen

machen *sw. Vb.*
dar an begunde er suochen, ob er iht des vunde, dâ
mite er swære stunde möchte senfter machen [...].
Heinr.8.

**hervorbringen;
machen, bewir-
ken; a.B.**

---

michel vgl. grôz

* **michel** *Sb.*
an der michel (HWB I, 2132).

Größe

* **michel** *Adj. (§ 204).*
sus hâte diu maget sæleclîche bejaget von lobe michel êre [...]. Er.1380.

groß; viel

* **michel, michels** *Part. (§ 207.b).*
swer ie kumber erleit, den erbarmet des mannes arbeit michels harter dan den man der nie deheine

sehr

nôt gewan. Iw.4389.

munt, mund-

munt, **mund-** *Sb.*
ir minneclicher redender <u>munt</u> der machet daz man küssen muoz. Wa.43.37.

Mund; Mündung; Öffnung

naht

naht *Sb. (§ 181).*
von ir jâmers grimme sô viel sî dicke in unmaht: der liehte tac wart ir ein <u>naht</u>. Iw.1324..

Nacht, Abend

Δ des/eines naht es *Temporaladv. (§ 209.g).*
nû er suochende reit wer in <u>des nahtes</u> næme in sîne phlege, nû vant er an dem wege von den liuten grôzen schal. Er.228.

nachts

ouge

ouge *Sb.*
zungen, <u>ougen</u>, oren sint dicke schalchaft, zeren blint. Wa.87.35.

Auge

pfaffe

Δ pfaffe *Sb.*
<u>pfaffen</u> solten kiuscher danne leien wesen [...]. Wa. 34.1.

(Welt-) Geistlicher; Priester

ruochen vgl. ge-ruochen

* ruochen *sw. Vb. (§ 41.A.7).*
ern <u>ruochte</u> waz er im sprach, dô er deheine vreise sach [...]. Iw.6183.

besorgt sein; begehren; geruhen; berücksichtigen

sam(e) vgl. alsam

* sam(e) *Modaladv.*
[...] diu tägelîche vorhte die in der zwîvel worhte, daz ez in <u>sam</u> müeze ergân. Greg.2189. <u>sam</u> mir (HWB II, 591).

so, ebenso; sam mir ('so wahr mir Gott helfe')

* sam *Präp. ohne Kasusforderung sowie Präp. D*
dô ich aber im nâher kam [...], dô vorht ich in alsô sêre <u>sam</u> diu tier, ode mêre. Iw.421.

wie; zusammen mit

* sam(e) *Konj. (§ 465.4).*
sît twanc in der von Berne, <u>sam</u> Hagene ê geschach. Nib.2360.1.ûf spranc er und begunde sâ den schilt ze rücke wenden [...] und vaht <u>sam</u> er wuote. Er. 855.

wie, wie wenn, als ob

70 Erster Teil: Grundwortschatz

schade

schade *Sb.*
[...] ob ich deheine triuwe hân, sone sol ich daz niht gerne sehen daz iu dehein schade mac geschehen. Iw.4342.

Schaden; Verlust; Verderben; Mühsal

Δ **schade** *Adj.; zu Sb. –> Adj. s. § 395.*
ich sûme mich in dem walde: ich solde im komen balde: ez ist schade, wirt er erslagen. Er.6982.

schädlich, verderblich

schînen

Δ **schînen**, schein, schinen, geschinen *st. Vb. Ia*
alsô schœne schein diu maget in swachen kleidern, sô man saget, daz sî in sô rîcher wât nû vil wol ze lobe stât. Er.1586.

glänzen, leuchten; erscheinen, sichtbar werden

schulde, schult

schulde, schult *Sb.*
man giht, er sî sîn selbes bote und erlœse sich dâ mite, swer vür des andern schulde bite. Heinr.26.

Schuld; Vergehen; Unrecht; Ersatz; Grund

senden

senden *sw. Vb. (RU e: a § 262) (sande § 105.4).*
mîn vrouwe hât mich her gesant, diu ist künegîn überz lant [...]. Er.34.

schicken, senden

site

site *Sb.*
hüetent iuwer ougen offenbar und tougen. lant si guote site spehen und die bœsen übersehen. Wa. 87.17.

Brauch; Anstand; Art; (Lebens-) Weise

slac, slag-

slac, slag- *Sb. (U slac: sleg- § 41); zu sl > schl s. § 155.*
da entlihen sî stiche und slege beide mit swerten und mit spern [...]. Iw.7204.

Schlag; Fall; Plage; Unglück; a.B.

spilman

spilman *Sb.*
durch daz er videlen konde, was er der spilman genant. Nib.1477.7.

Spielmann, fahrender Sänger; Musikant

sumer

sumer *Sb.*   **Sommer**
do uns der kurze <u>sumer</u> sin gesinde wesen bat. der
brahte uns varnde bluomen unde blat. Wa.13.22.

suochen

suochen *sw. Vb.*   **suchen, erfor-**
dô bôt ich mîn unschulde und <u>suochte</u> sîne hulde: **schen; nachstel-**
wan er was merre danne ich. Iw.731.   **len; überfallen**

swâ vgl. wâ, anderswâ

* **swâ** *Lokaladv. (§ 223); zu swâ in der Funktion*   **wo (auch im-**
eines Interrogativums s. § 457.   **mer)**
der humbel der sol stechen: ouch ist reht daz der
mist stinke <u>swâ</u> der ist [...]. Iw.206 *(hier in der*
Funktion eines Relativums).

swanne, swan, swen

* **swanne, swan, swen** *Konj. (§§ 459.2 und*   **sobald, wenn**
461.7); zu swenne daz s. § 466.4.

teil

teil *Sb. (gelegentlich indekl. Sb. mit G [§ 394]); zu* **Teil, Stück; Sei-**
Adj. –> Sb. s. § 394.   **te**
si heten des phlasters ein <u>teil</u> dâ von ich ê gesaget
hân [...]. Er.7225.

Δ **ein teil** *Part. (§ 209.d).*   **ein wenig, sehr**
swaz ich doch lasters dâ gewan, dâ was ich <u>ein teil</u>
unschuldec an. Iw.757.

un-gemach vgl. gemach

ungemach *Sb.*   **Unruhe, Ver-**
'geschach iu ie <u>ungemach</u> von mînen schulden,   **druß; Unglück**
deist mir leit.' Er.1001.

Δ **ungemach** *Adj.*   **ungestüm; un-**
daz weter wart als <u>ungemach</u> daz ez den walt nider **freundlich; lästig**
brach. Iw.657.

vallen

vallen, viel, vielen, gevallen *st. Vb. VII*   **fallen, stürzen;**
von ir jâmers grimme sô <u>viel</u> sî dicke in unmaht   **sündigen; zuteil**
[...]. Iw.1324.   **werden**

72 Erster Teil: Grundwortschatz

vast(e)

* vaste *Sb.*
den tievel vertrîben mit dem gebete und mit der va-
sten (HWB III, 29).

Fasten (-zeit)

Δ vast *Adj.*
ein swert, brûn scharpf unde vast (HWB III, 29).

fest, stark; be-
festigt

Δ vast(e) *Modaladv. (§ 205); vgl. Adj. veste.*
dane wânder doch niht sicher sîn und verrigelte vaste die tür [...]. Iw.3292.

fest; eng; gewal-
tig

Δ vaste *Part.*
dâ was ir ein bat bereit, und wart nâch ir arbeit ge-
badet vaste schône. Er.1534.

sehr, recht

vater

vater *Sb. (U vater: veter § 179).*
dô diu kint wâren komen ze zehen jâren, do ergreif
den vater ouch der tôt. Greg.187.

Vater; Pflegeva-
ter

videlære

videlære *Sb.*
ine gesach nie videlære sô hêrlîchen stân, als der
degen Volker hiute hât getân. Nib.2007.1.

Fiedler

vol, volle, vollen

vol *Adj.*
die gazzen wâren spils vol, als ez ze hôchzîten sol.
Er.248.

voll; gesättigt;
reichlich

Δ vol, volle, vollen *Modaladv. (§ 205).*
und als er vol sich geneic, daz swert im ûz der
scheide schôz [...]. Iw.3944.

vollständig,
vollkommen

Δ vol, volle, vollen *Part.*
er lebete als ein vol karger man ungiudeclîchen [...].
Er.2381.

sehr, gänzlich

Δ vol *Erstglied einer WBK (volsagen).*

vrâgen, vrêgen

vrâgen, vrêgen *sw. Vb. (vrâget: vreit § 285).*
'herre, und wærez iu niht leit, ich vrâgete iuch mære
war iuwer wille wære.' Er.3515.

fragen, for-
schen; sich er-
kundigen

wâ, wâr vgl. swâ, anderswâ

wâ, wâr *Lokaladv. (§ 223); zu wâ in der Funktion
eines Interrogativums s. § 457.*

wo, woher

'saget, wâ welt ir hin, oder wâ habt ir den sin genomen der iu diz geriet?' Iw.1485.

walt, wald-

walt, wald- *Sb. (U § 41.A.2).*   **Wald**
[...] dô er nâch sîner gewonheit ze walde nâch
âventiure reit. Er.7398.

wân vgl. wænen

wân *Sb.*   **Ansicht; Vermu-**
jâ wând ich vreude ân ungemach unangestlîchen ie-   **tung; Glaube;**
mer hân: seht, dô trouc mich mîn wân. Iw.690.   **(trügerische)**
                                                       Hoffnung

wænen vgl. wân

wænen *sw. Vb. (RU æ: â § 262); zu wânde s.*   **meinen, glau-**
§ 105.4.   **ben, vermuten;**
si begunde ir gesellen klagen. si wânde er wære er-   **hoffen**
slagen [...]. Er.852.

weinen

weinen *sw. Vb.*   **weinen, bewei-**
da weinte ein klosenære, er klagete gote siniu leit   **nen**
[...]. Wa.9.37.

wenden

wenden *sw. Vb. (RU e: a § 262); zu wande s.*   **umkehren; ab-**
§ 105.4.   **wenden, weh-**
sus gedâhte der ellende: 'got sî der daz wende daz   **ren; hindern;**
ich sô iht gevar [...]. Er.8350.   **a.B.**

werdekeit

* **werdekeit, wirdecheit** *Sb.*   **Wert, Würde,**
sit min fröide und al min heil, dar zuo al min werde- **Ansehen**
keit, niht wan an dir einer stat: solt ich dan min herze von dir scheiden [...]. Wa.97.15.

winter

winter *Sb.*   **Winter**
uns hat der winter geschat über al: heide unde walt
sint beide nu val, da manic stimme vil suoze hal.
Wa.39.1.

74 Erster Teil: Grundwortschatz

wîs(e) vgl. wîsen

wîs(e) *Sb. mask.*   (An-) Führer,
dîn schelten ist ein prîsen wider alle die wîsen.   Oberhaupt
Iw.151.
wîs(e) *Sb. fem.*   Art, Weise; Er-
ouch wart in dâ ze hove gegeben in allen wîs ein   scheinungsform
wunschleben [...]. Iw.43.   Melodie; Lied
Δ **wîs(e)** *Adj.*   verständig; er-
alsus kunde er gewinnen der werlte lop unde prîs.   fahren; gelehrt
er was hövesch unde wîs. Heinr.72.

zemen

Δ **zemen**, zam, zâmen, gezomen *st. Vb. IV*   ziemen, zukom-
dâ wart er emphangen wol, sô man ze vriundes   men; angemes-
hûse sol und als dem wirte wol gezam. Er.178.   sen sein
zemen *sw. Vb. (RU e: a § 262).*   zähmen; reizen
du solt dînen munt zemen (HWB III, 1057).

zorn vgl. zürnen

zorn *Sb.; zu zürnen: zorn s. § 34.*   Zorn, Wut, Un-
vrouwe, habet gnâde mîn, und lât sus grôzen zorn   gestüm; Streit
sîn. Iw.177.
zorn *Adj.; zu Sb. –> Adj. s. § 395.*   zornig, aufge-
des bin ich ûf mich selber zorn (HWB III, 1151).   bracht

zunge

Δ **zunge** *Sb.*   Zunge; Sprache;
zungen, ougen, oren sint dicke schalchaft, zeren   Volk; Land
blint. Wa.87.35. si kiesent künege unde reht, si setzent herren und kneht. so we dir, tiuschiu zunge,
wie stet din ordenunge. Wa.9.6.

Häufigkeitsgruppe 6

86 Leitlemmata mit einer Häufigkeit von 60-46 (= 2.78%) in Ha., von 40-31 in Nib. und von 13-11 in Wa.; ihnen zugeordnet 122 Lemmata: 26 Vokabelfälle (*) (21%), 39 semantische Fallen (Δ) (31%) und 58 erschließbare Wörter (48%).

aleine

aleine *Adj.*
der fröude <u>aleine</u> sîn. (HWB I, 36).
aleine *Modaladv.*
lide ich not und arebeit, die klage ich vil kleine.
mine zit <u>aleine</u>, hab ich die verlorn, daz ist mir leit.
Wa.53.5.
Δ aleine *Konj. (§ 461.3.).*
<u>alein</u> er sî des guotes blôz, doch ist er von gebürte
vrî. (zit. nach Paul 1998: § 461,3).

(als) einzig-; ledig; beraubt
nur, allein

wenn auch, obwohl; aber

allenthalben, allenhalben

* allenthalben, allenhalben *Lokaladv.*
dô riten <u>allenthalben</u> di wege durch daz lant der drîer
künege mâge, die hete man besant [...]. Nib.566.1.

überall;
nach/von allen
Seiten

alze

* alze *Part.*
si sehent niht frœlich uf als e, si wellent <u>alze</u> nider
schouwen. Wa.44.37.

zu, sehr

bet(e) vgl. biten

Δ bet(e) *Sb.*
dô si vür kâmen und ir herren vernâmen, sîner <u>bete</u>
wart gevolget sâ. Greg.629.

Bitte; Gebet;
Aufforderung

bewarn

bewarn *sw. Vb.*
der himelkeiser <u>bewar</u>, vrouwe, iuwer êre. ir gesehet mich nimmer mêre [...]. Er.133.

sich hüten;
beachten; bewirken; verhüten;
a.B.

bezzer vgl. baz, wol

bezzer *Adj. (Komp. zu guot [§ 204], suppletive Bildung).*
ir strâfet mich als einen kneht. gnâde ist <u>bezzer</u> danne reht. Iw.171.
bezzer *Modaladv.*
nû kam der muot in ir gedanc: '<u>bezzer</u> ist verlorn
mîn lîp, ein als unklagebære wîp, dan ein alsô vorder man [...].' Er.3167.

besser; größer

besser; größer

76 Erster Teil: Grundwortschatz

bieten vgl. gebieten

bieten, bôt, buten, geboten *st. Vb. IIb*
[...] mit manegem vuozvalle gnâdeten si im sêre
und buten im alle die êre [...]. Iw.5440.

bieten; sich be-
geben; geben;
gebieten; aus-
führen; a.B.

brechen vgl. zerbrechen

brechen, brach, brâchen, gebrochen *st. Vb. IV*
si sluogen in âne erbarmen [...]. si brâchen vaste
ritters reht [...]. Er.5408.

brechen; verge-
hen; hervorbre-
chen; a.B.

dannoch, **dennoch** < dan(ne) noch

dannoch, **dennoch** *Adv. („Konjunktionaladv.").*
sus wart dem grâven Âliere genendeclich schiere
gevangen und erslagen sîn her. dannoch entwelter
ze wer mit einer lützelen kraft [...]. Iw.3759.
dannoch, **dennoch** *Temporal- und Modaladv.*
(häufig in Verbindung mit dô [dannoch dô]).
nû reit sî alsô balde daz sî in in dem walde dannoch
slâfende vant. [...]. Iw.3457.

dennoch, doch

(dann) noch,
dann; außerdem

dienen vgl. dienest

dienen *sw. Vb. (diende § 105.4).*
der ich vil gedienet han und ie mere gerne dienen
wil, diust von mir vil unerlan [...]. Wa.57.15.

dienen; Abgabe
leisten; untertan
sein; verdienen

drâte

* **drâte** *Modaladv. (§ 205); vgl. Adj. drǽte*
(§ 199.A.1).
in dûhte dô daz niht guot des er ê gedâht hâte und
verkêrte vil drâte sîn altez gemüete in eine niuwe
güete. Heinr.1236.

schnell, gleich,
sofort

edel

Δ **edel** *Adj. (§ 199.A.1).*
sî ist iu ze edel und ze rîch daz ir si kebsen soldet
[...]. Iw.3170. dar umbe wâren geleit edel steine
genuoge, ze iegelîcher vuoge [...]. Er.7719.

edel; adlig; kost-
bar; gut; schön

eht(e), **et**

Δ **eht(e)**, **et** *Modaladv.*
ich was eht niuwan sîn spot. Iw.5847. ez ist eht als
man dâ seit, daz unrehter hôchmuot dem manne lîhte schaden tuot. Er.1229.

nur, bloß, doch,
allerdings

Δ **eht(e)**, **et** *Part.; zu eht(e) als Part. mit illokutiver* **eben, wohl, halt**
Funktion s. unten S. 149.
ir sprechet <u>eht</u> als ein wîp. Iw.1921.

Δ **et, eht(e)** *Konj.* (*§ 460.2*). **wenn nur**
nieht ist des ich mich scame <u>et</u> du gnadich pist ime.
(zit. nach Paul 1998: § 460.2).

enbieten

Δ **enbieten**, enbôt, enbuten, enboten *st. Vb. IIb* **bereit sein; mit-**
diu vrouwe <u>enbôt</u> dô dan, swaz sî êren hête, daz **teilen; anbieten;**
wær' ir liebe getân. Nib.1491.6. **antworten; a.B.**

engel

engel *Sb.* **Engel**
tiusche man sint wol gezogen, rehte als <u>engel</u> sint
diu wip getan. Wa.57.7.

êren

Δ **êren** *sw. Vb.* (*ge-êren: gêren § 35*). **ehren; verehren;**
ist daz got mich sô <u>gêret</u>, daz er mîn heil mêret [...], **preisen;**
sô kum ich über den dritten tac, ob ich vor siechtuo- **schmücken**
me mac. Er.138.

erlâzen, erlân

erlâzen (erlân), erliez, erliezen, erlân *u. Vb.* **verschonen mit;**
(*kontr. Vb. § 287*). **bewahren vor;**
[...] und wizzet daz ich immer wil den willen vür **erlassen**
die werc hân: ir sult der rede sîn <u>erlân</u>. Iw.4320.

êrst, êrist

êrst, êrist *Zahladj.* (*§ 204*) (*Sup. zu ê[r] § 235*). **erst-**
morgen als ez tagete, Êrec ûf machte sich. sîn <u>êrste</u>
vart was ritterlich [...]. Er.2487.

Δ **êrst, êrist** *Temporaladv.* (*häufig in Verbindung* **zuerst; beim er-**
mit von [von êrste]). **sten Mal**
'vervluochet müezer iemer wesen,' sprach dâ wîp
unde man, der ie <u>von erste</u> began bûwen hie ze
lande.' Iw.7812.

ervinden

Δ **ervinden**, ervant, ervunden, ervunden *st. Vb. IIIa* **finden, erfah-**
dô diu küniginne diu mære reht' <u>ervant</u>, daz ir bruo- **ren, erkennen;**
der solden komen in daz lant, dô was ir wol ze **beweisen**
muote. Nib.1498.1.

gebieten

Δ **gebieten**, gebôt, bebuten, geboten *st. Vb. IIb*
mîn vrouwe hât mich her gesant, diu ist künegîn
überz lant: durch ir zuht <u>gebôt</u> si mir daz ich iu
gruozte von ir [...]. Er.34.

herrschen; bestimmen; laden zu; befehlen, anordnen; a.B.

gebot

gebot *Sb. (N. A. Pl. -ø).*
daz macheten sîne ræte der ouch vroun Êven verriet,
dô si von gotes <u>gebote</u> schiet. Greg.1960.

Gebot, Verbot, Verfügung; Bitte; Herrschaft

geist

Δ **geist** *Sb.*
Krist, vater unde sun, din <u>geist</u> berihte mine sinne.
Wa.26.9.

Geist; Engel; Seele, Herz, Sinn; Geistesgabe

ge-tuon

* **getuon**, getete, geteten, getân *u. Vb. (Wurzelverb § 279).*
sehet, nû <u>getuon</u> ich guoten rât daz ich deheine miete vür mînen lîp biete [...]. Er.975.

tun, durchführen, bewirken; begehen; ausüben; leisten

ge-werren vgl. werren

* **gewerren**, gewar, gewurren, geworren *st. Vb. IIIb*
waz möhte ir nû <u>gewerren</u>, wan daz der wec sô verre was, daz si sô lange genas? Heinr.1052. nu enlânt disen herren mîne schulde niht gewerren. Iw. 223.

verwirren; schaden; zustoßen; stören; anhaben

golt, gold-

golt, gold- *Sb.*
ein schef wart im gereite, dâ man im an leite zem lîbe volleclîchen rât, spîse, sîn <u>golt</u>, sîne wât. Greg. 1809.
golt *Erstglied einer WBK (golddrât, goltreif, goldvar).*

Gold; Goldschmuck

gunnen

* **gunnen**, gunde, gunden, gegunnen *u. Vb. (Prät. präs. § 272).*
ich weiz wol daz er mir heiles <u>gan</u>. er ist ein alsô biderber man [...]. Heinr.741.

gönnen; wünschen; gewähren

haz

haz *Sb.*
ir herze ist ein gnuoc engez vaz: dâ wonte ensament
inne haz unde minne. Iw.7044.

**Feindschaft;
Haß**

heide

heide *Sb.*
uns hat der winter geschat über al: heide unde walt
sint beide nu val. Wa.391.

Heide; unbebautes Land, Wildnis

heiden

heiden *Sb. m.*
het ich daz vernomen, daz er niht wære ein heiden,
sô wold' ich gerne komnen […]. Nib.1261.2.

Heide, Ungläubiger; Sarazene

Δ **heiden** *Sb. f.*
do liez er sich herre verkoufen, daz wir eigen wurden fri […]; wol dir sper, kriuz unde dorn! we dir,
heiden, deist dir zorn! Wa.15.15.

Heidentum

Δ **heiden** *Adj.*
Ungerlant dô heiden was. (HWB I, 1209).

heidnisch

heven, heben

heven (heben), huop, huoben, erhaben *u. Vb. VI
(Präsens mit j-Ableitung VI § 252) (GW v: b §§ 93
und 252); zu heven: heben s. § 93.A.3.*
ze gote begunde er nîgen, ze himele huop er tougen
die hende und diu ougen […]. Greg.1046.

**(er-) heben; anfangen; sich
aufmachen**

himel

himel *Sb.*
ze gote begunde er nîgen, ze himele huop er tougen
die hende und diu ougen […]. Greg.1046.
himel *Erstglied einer WBK (himelkeiser).*

Himmel

hof, hov-

hof, hov- *Sb.*
owe, hovelichez singen, daz dich ungefüege dœne
solten ie ze hove verdringen! Wa.64.31.

**(Fürsten-) Hof;
Hoftag; Hofversammlung**

houbet

houbet *Sb. (N. A. Pl. -ø).*
des wart Guivreiz vil vrô. sîn houbet entwâfente er
dô. Er.6998.

**Kopf, Haupt;
Anführer; Anfang**

80 Erster Teil: Grundwortschatz

Δ **houbet** *Erstglied einer WBK (houbethaft, houbet-sünde, houbetstat).*

hulde vgl. holt

Δ **hulde** *Sb.; zu hulde: holt s. § 34.*
er verlôs sîn selbes <u>hulde</u>: wan ern mohte die schul-de ûf niemen anders gesagen […]. Iw.3221. des gnâdet er ir <u>hulden</u>. wan zewâre ez ist guot, swer gerne vrümeclîchen tuot, daz mans im genâde sage […]. Iw.2730.

Gnade, Huld; Freundlichkeit; Treue; Huldi-gung

ieman, **iemen** vgl. man

* **ieman**, **iemen** *Pron. (§ 227).*
ich sach mit minen ougen manne und wibe tougen, daz ich gehorte und gesach swaz <u>iemen</u> tet, swaz ie-<u>men</u> sprach. Wa.9.16.

(irgend-) jemand

ietweder, **ieweder** vgl. weder, deweder

* **ietweder**, **ieweder** *Pron. (§ 226) (häufig mit G).*
ze handen viengen si sich dô, ir <u>ietweder</u> was des andern vrô […]. Er.4494.

jeder/jede/jedes von beiden

jâr

jâr *Sb. (N. A. Pl. -ø).*
dô diu kint wâren komen ze zehen <u>jâren</u>, do ergreif den vater ouch der tôt. Greg.187.

Jahr

Δ **des jâres** *Temporaladv. (§ 209.g).*
HWB I, 1472.

das Jahr hin-durch

kristenheit

kristenheit *Sb.*
da weinte ein klosenære, er klagete gote siniu leit: 'owe der babest ist ze junc; hilf, herre, diner <u>kri-stenheit</u>!' Wa.9.37.

Christentum; christlicher Glaube

kurz

kurz *Adj.*
ich ensterbe in <u>kurzer</u> vrist, sô sol ichz versuchen. Er.129.

kurz; klein, we-nig

leider vgl. leit

leider *Mod.*
diu rede ist <u>leider</u> âne trôst. Iw.6372.

leider, unglück-licherweise

Häufigkeitsgruppe 6 **81**

leider *Satzäqu.*
leider [,] ich bin des betrogen, ich enbin niht der ich
wânde sîn. Greg.1402.

ach

list

Δ **list** *Sb.*
alsus stal er sich dan und warp rehte als ein man der
êre mit listen kunde gewinnen [...]. Iw.945. daz
hôrte er ungerne und vuor engegen Salerne und
suochte ouch dâ durch genist der wîsen arzâte list.
Heinr.179.

Weisheit, Klug-
heit, Schlauheit;
Wissenschaft;
Zauberkunst

loben

loben *sw. Vb.*
ze gote begunde er nîgen, ze himele huop er tougen
die hende und diu ougen und lobete got des vundes
und des kindes gesundes. Greg.1046.

preisen, loben;
versprechen,
geloben

lützel

* **lützel** *Sb. (indekl. Sb. mit G [§ 394]); zu Adj. ->*
Sb. s. § 394.
dô er noch lützel hete geseit, dô erwachte diu künegîn [...]. Iw.96.

(das) Wenig

* **lützel** *Adj.*
sus wart dem grâven Âliere genendeclich schiere
gevangen und erslagen sîn her. dannoch entwelter
ze wer mit einer lützelen kraft [...]. Iw.3759.

klein, gering,
wenig

* **lützel** *Part.*
wie lützel in der nôt verdrôz! Greg.1996.

wenig

* **(ein) lützel** *Neg.*
daz ouch ir ie alsô gar diu armuot oberhant gewan,
daz weste lützel ieman. Er.421.

nicht

morgen

morgen *Sb.*
an dem dritten morgen. (HWB I, 2199).
morgen *Adj.*
an dem morgenem tage. (HWB I, 2199).
morgen, (des) morgens *Temporaladv.*
(§ 209.g).
ich kum morgen als ich mac. Er.1091.
morgen *Erstglied einer WBK (morgenlich, mor-*
genstern).

Morgen, Vor-
mittag
morgig

morgen; mor-
gens

82 Erster Teil: Grundwortschatz

ouwê vgl. wê

ouwê *Satzäqu.*
'ouwê, lieber herre, ouwê! dîner helfe ger ich âne nôt, wan dû bist eht aber leider tôt.' Er.6605.

ach

rechen

rechen, rach, râchen, gerochen *st. Vb. IV*
ez richet von rehte mîn hant swaz dir lasters ist geschehen. Iw.806.

Rache nehmen; bestrafen; Genugtuung verschaffen

ritterschaft

ritterschaft *Sb. (U -schaft: -scheft- § 184.A1).*
dô Êrec fil de roi Lac ritterschefte sich bewac, der tugende er dannoch wielt [...]. Er.2954.

Rittertum, Ritterstand; Ritterkampf, Turnier

sâ, sân

* **sâ, sân** *Temporaladv.; zu sân s. § 126.A.3; zu sâr s. § 121.*
ûf spranc er und begunde sâ den schilt ze rücke wenden [...]. Er.855.

sofort, alsbald, sodann

schande

Δ **schande** *Sb.*
'geloubet, vrouwe mîn, ich wil iu immer vremde sîn [...], ichn gereche mîne schande.' Er.1130.

Beleidigung, Schande; Laster

schilt, schild-

Δ **schilt, schild-** *Sb.*
dô der sêre wunde des swertes niht envant, done het et er niht mêre wan des schildes rant. Nib.984.1.

Schild; Schutz; Ritter

schîn

schîn *Sb.*
sô guot was des schapels schîn, ez enmohte borte niht bezzer sîn. Er.1576. si [diu linde] was mit vogelen bestreut daz ich der este schîn verlôs [...]. Iw.612.

Glanz; Sichtbarkeit; Sehvermögen; Aussehen

Δ **schîn** *Adj. (häufig in Verbindung mit den Vb. werden, tuon u.a.).*
an hern Heinrîche wart wol schîn: der in dem hœhsten werde lebet ûf dirre erde, derst der versmâhte vor gote. Heinr.112.

hell, strahlend; klar; offenbar, augenscheinlich

Häufigkeitsgruppe 6 83

schône

Δ **schône** *Modaladv. (§ 205); vgl. Adj. schœne (§ 199.A.1).*
er hât bî sînen zîten gelebet alsô <u>schône</u> daz er der êren krône dô truoc. Iw.8.

schön; anständig; geziemend; vollständig

sêle

sêle *Sb.*
ich bevilhe dir die <u>sêle</u> mîn und diz schœne kint, die swester dîn […]. Greg.259.

Seele

senende, sende vgl. senen

* **senende, sende** *Adj.*
waz hat diu welt ze gebenne liebers danne ein wip, daz ein <u>sende</u> herze baz gefröwen müge? Wa.93.19.

sehnsüchtig, sehnsuchtsvoll

setzen

setzen *sw. Vb. (RU e: a § 262).*
vil schône <u>sazte</u> mich sîn hant hinder daz ors ûf daz lant […]. Iw.743.

setzen, legen; darstellen, erzählen; bewirten

sorge

Δ **sorge** *Sb.*
ich bin noch vil unverzaget: iuwer <u>sorge</u> sol sich enden. Er.805.

Sorge; Kummer; Furcht; Gefahr

sper

sper *Sb.*
swie bœse ir wænet daz er sî, er zestach sîn <u>sper</u> unz an die hant. Iw.2582.

(Wurf-) Speer

spot

spot *Sb.*
enheten si niht gevürhtet got, si heten iemer der werlde <u>spot</u> geduldet vür daz scheiden. Greg.639.

Spott; Schmach; Scherz

stæte

* **stæte** *Sb.*
dâ envant nît noch haz ze blîbenne dehein vaz: triuwe und <u>stæte</u> si besaz. Er.1495.

Festigkeit, Beständigkeit; Dauer

* **stæte** *Adj. (§ 199.A.1).*
'wis getriuwe, wis <u>stæte</u>, wis milte, wis diemüete, vis vrävele mit güete, wis dîner zuht wol behüet

fest,beständig

[…].' Greg.248.

* **stæte** *Modal- und Temporaladv. (§ 205).*   **fest, beständig;**
mit <u>stæte</u> wernder riuwe umb unser missetat, die   **stets**
ane got und ane dich nieman ze gebenne hat. Wa.
8.1.

stein

Δ **stein** *Sb.*   **Stein; Fels;**
der arme Grêgôrius, nu beleip er alsus ûf dem wil-   **Felshöhle**
den <u>steine</u> aller gnâden eine. Greg.3101.

sturm

Δ **sturm** *Sb.*   **Sturm; Unruhe;**
nu was Hagene komen, der half im wol ervollen in   **Kampf**
<u>sturme</u> sînen muot. Nib.206.4.

süeze

süeze *Sb.*   **Süßigkeit; Mil-**
unser <u>süeze</u> ist gemischet mit bitterer gallen. Heinr.   **de, Freundlich-**
108.   **keit; Güte**
süeze *Adj.; vgl. Adv. suoze (§ 205).*   **süß; angenehm;**
friundinne ist ein <u>süezez</u> wort: doch so tiuret frowe   **gütig**
unz an das ort. Wa.63.24.

swert

swert *Sb. (N. A. Pl. -∅); zu sw > schw s. § 155.*   **Schwert**
dô muosen si beide zücken diu <u>swert</u> von den sîten.
Iw.1018.

tiure, tiuwer

Δ **tiure, tiuwer** *Adj. (§ 199.A.1).*   **wertvoll, kost-**
zewâre ez was in beiden diu vreude alsô <u>tiure</u> sam   **bar; vornehm**
daz îs in dem viure. Greg.648.
tiure, tiuwer *Modaladv.*   **wertvoll; herr-**
mich endunke daz der eine tac genuoc <u>tiure</u> sî gege-   **lich; teuer**
ben umbe daz êwige leben […]. Heinr.1146.
Δ **tiure, tiuwer** *Part.*   **sehr; wenig**
daz begunde si vil <u>tiure</u> klagen dazz ir sô nâhen was
geschehen […]. Er.63.

tiusch, diutsch

tiusch, diutsch *Adj.; zu t > d s. § 148.3.*   **deutsch**
<u>tiusche</u> man sint wol gezogen, rehte als engel sint

Häufigkeitsgruppe 6　**85**

diu wip getan. Wa.57.7.

tugen, tügen

* **tugen** (tügen), tohte, tohten *u. Vb. (Prät. präs.* § *271).*
nû muostu dich dîner armuot schamen. nû was <u>touc</u> dîn ritterschaft, du enhetest guotes die kraft? Er. 1666.

nützen; brauchbar/passend sein

tugent, tugend-

Δ **tugent, tugend-** *Sb.*
ez ist reht daz man sî krœne, diu zuht unde schœne, hôhe geburt unde jugent, rîcheit unde kiusche <u>tugent</u>, güete und wîse rede hât. Iw.6463. der ie ein rehter adamas rîterlîcher <u>tugende</u> was, der lief nû harte balde ein tôre in dem walde. Iw.3257.

Tugend; Vorzüglichkeit; Tauglichkeit; Tüchtigkeit; gute Eigenschaft; a.B.

vart vgl. geverte

vart *Sb. (U a: e* § *41).*
si rihten sich zer <u>verte</u>; man sach si rîten ûf den sant. Nib.524.7.

Fahrt, Reise; Weg; Fährte

vehten

vehten, vaht, vâhten, gevohten *st. Vb. IV (*§ *248).*
und nennet mir danne mê die zwêne umbe diez sô stê, der ietweder sô vrum sî daz er eine <u>væhte</u> wider drî. Iw.4105.

fechten, streiten, kämpfen; besiegen

vogel

vogel *Sb.*
sit die <u>vogele</u> also schone singent in ir besten done, tuon wir ouch also. Wa.51.26.

Vogel; Insekt

volgen

volgen *sw. Vb.*
[…] dô si vür kâmen und ir herren vernâmen, sîner bete wart <u>gevolget</u> sâ. Greg.629.

folgen; beipflichten, zustimmen

vriunt, vriund-

vriunt, vriund- *Sb.*
wâ wart ie triuwe merre dan <u>vriunt</u> bî <u>vriunde</u> vinden sol, die beide ein ander trûwent wol? Er.4559.

Freund; Liebhaber, Geliebter; Freundschaft

86 Erster Teil: Grundwortschatz

vrum(e)

* **vrume** *Sb.; zu u > o s. § 50.*
wer gewan ie <u>vrumen</u> âne arbeit? Er.4101.
* **vrum** *Adj.*
Êrec dô ahten began, der ritter wære dehein <u>vrum</u>
man, daz er ez vor im vertruoc daz sîn getwerc die
maget sluoc. Er.66.

**Nutzen, Ge-
winn, Vorteil
tüchtig, gut;
vornehm; tapfer;
nützlich; a.B.**

vuoz

vuoz *Sb. (U uo: üe § 41).*
sus buten si sich beide weinende ûf sînen <u>vuoz</u>.
Greg.534.

Fuß; Versfuß

vürhten, vorhten

vürhten (vorhten), vorhte, vorhten, gevorht *u. Vb.
(§ 266); zu ü: o s. § 34.*
er <u>vorhte</u> eine schalkheit: er weste wol daz Keiî in
niemer gelieze vrî vor spotte [...]. Iw.1530.

**sich fürchten,
besorgt sein; be-
fürchten**

wætlich, -lîche

* **wætlîche** *Sb.*
sî was ouch sô genæme daz sî wol gezæme ze kinde
dem rîche an ir <u>wætlîche</u>. Heinr.311.
* **wætlich** *Adj.*
dô klagete herzenlîche Uote, ein edel wîp, und allez
ir gesinde den sînen <u>wætlîchen</u> lîp. Nib.1051.1.
* **wætlîche** *Modaladv. (§ 205).*
si wurden alle sô gewert des <u>wætlîch</u> nimmer mêre
ergât. Er.2181.

Schönheit

**schön, stattlich;
angemessen;
wahrscheinlich
herrlich;
schwerlich; ver-
mutlich**

wê vgl. ouwê

wê *Sb. (häufig in Verbindung mit tuon, werden).*
der zwîvel <u>tet</u> in harte <u>wê</u> daz si niht wizzen kunden
wâ si in vunden. Greg.3226.
wê *Satzäqu. (§ 435).*
'du redest sam ez sî dîn spot.' '<u>wê</u>, nein ez, durch
got.' Er.7512.

**Weh, Schmerz,
Leid; Krankheit**

wehe

weder vgl. ietweder, deweder

Δ **weder** *Pron. (gelegentlich mit G) (§§ 226.d und
229); zu weder in der Funktion eines Interrogativums s. § 456.*
<u>wederm</u> geviele der gewin, des was zwîvel under in

**welcher/welche/
welches von
beiden**

Häufigkeitsgruppe 6 **87**

[...]. Er.928.

Δ **weder** *Konj. oder Teil einer Konj. (weder...noch, weder...oder) (§§ 229.e und 456).*
[...] und [er] zwîfelte vaste dar an, <u>weder</u> ez bezzer getân möhte sîn ode verlân. Heinr.1004. im wart dâ niht benant <u>weder</u> liute noch lant, daz was ouch in ze helne guot. Greg.763.

ob, weder...
noch, entweder
...oder

wer(e)n

wer(e)n *sw. Vb.*
[...] ir muget hie den prîs bejagen des ir gelobet sît. nû <u>wert</u> iuch, ritter, ez ist zît. Er.4345

schützen, vertei-
digen; sich weh-
ren

Δ **wer(e)n** *sw. Vb.*
nû hete <u>gewert</u> dirre strît unz an die nônezît [...]. Er.4460.

dauern, währen;
Bestand haben

Δ **wer(e)n** *sw. Vb.*
und hete mich iuwer got <u>gewert</u>, ir wæret bezzer êren wert. Er.3778.

geben; leisten;
zahlen, gewäh-
ren; verbürgen

werren vgl. ge-werren

* **werren**, war, wurren, geworren *st. Vb. IIIb*
'waz <u>wirret</u> iu, liebiu vrouwe mîn?' 'herre, daz ist alsô vil daz ich ez gote klagen wil [...].' Greg. 2559.

verwirren, un-
eins machen;
stören; schaden

wert, werd-

Δ **wert**, **werd-** *Sb. mask., neutr.*
an hern Heinrîche wart wol schîn: der in dem hœh-sten <u>werde</u> lebet ûf dirre erde, derst der versmâhte vor gote. Heinr.112.

Wert; Geltung;
Ansehen

Δ **wert**, **werd-** *Sb. mask.*
herre, ez ist unser lant der Juncvrouwen <u>wert</u> genant und lît von hinnen verre. Iw.6325.

Insel, Halbinsel

Δ **wert**, **werd-** *Adj.*
si ist verre <u>werder</u> danne ich diu mich nâch iu ge-sendet hât. Iw.6018.

wert; kostbar;
ehrenvoll; edel

Δ **wert**, **werd-** *Lokaladv.*
die müezen nach Ruolande <u>wert</u> (HWB III, 795).

nach, zu, in
Richtung auf;
-wärts

wîl(e)

wîl(e) *Sb.*
[...] und [ich] wære ouch sunder zwîvel tôt: wan daz der hagel und diu nôt in kurzer <u>wîle</u> gelac, und begunde liehten der tac. Iw.669.

Weile, Zeit
(-punkt); Stun-
de; Schicksals-
stunde

88 Erster Teil: Grundwortschatz

Δ **(alle) die wîle** *Temporaladv. (§ 209.c).*
die wîle kan ich in wol ûf dem wege mit listen
gesûmen und gevristen daz er niht vür kumt. Er.
5009.

die ganze Zeit,
währenddessen

Δ **(die) wîle, (alle) die wîle** *(Teil einer) Konj.*
(die wîle [daz]) (§§ 459.12 und 462.5); zu wîle als
Teil der „relativen Partikel" die wîle und s. § 451.
er muoz in älliu jâr geben drîzec mägede dâ her die
wîle si lebent und er. Iw.6366. jâ hân ich des ge-
sworn, daz ich den hort iht zeige die wîle daz si leben [...]. Nib.2368.2. ouch sult ir mich geniezen
lân daz ich iu stæte triuwe leiste âne riuwe al die
wîle und ich lebe. Er.4553.

während, als,
solange, da,
weil

wîlen, wîlent

* **(under) wîlen, wîlent** *Temporaladv.*
ez tuot mir inneclichen we, als ich gedenke wes man
pflac in dirre werlte wilent e. Wa.120.7.

früher, vormals

wort

wort *Sb. (N A Pl. -ø).*
mit selhen worten si in emphie: 'herre, ich gruozte
iuch gerne wol, wan daz nieman dem andern sol
bieten ungetriuwen gruoz. Er.8973.

Wort, Rede;
Nachrede; Ver-
teidigung; Be-
dingung; a.B.

wünschen

wünschen *sw. Vb.*
got gesegen iuch alle, wünschet noch daz mir ein
heil gevalle! Wa.115.4.

wünschen; voll-
kommen schaf-
fen

ziehen vgl. zuht

Δ **ziehen**, zôch, zugen, gezogen *st. Vb. IIb (GW h: g*
§ 93).
tiusche man sint wol gezogen, rehte als engel sint
diu wip getan. Wa.57.7. in einer kemenâten [...] er
hiez die maget dâ zehant abe ziehen diu kleit. Heinr.
1187.

ziehen; leiten;
sich begeben;
sich erstrecken;
erziehen; pfle-
gen; a.B.

Häufigkeitsgruppe 7

83 Leitlemmata mit einer Häufigkeit von 45-36 (= 2.02%) in Ha., von 30-24 in Nib. und von 10-9 in Wa.; ihnen zugeordnet 120 Lemmata: 20 Vokabelfälle (*) (17%), 36 semantische Fallen (Δ) (30%) und 64 erschließbare Wörter (53%).

---

alsam vgl. sam

---

* **alsam** *Modaladv.; zu alsam in der Funktion eines Relativums s. § 224.2.*
  'lâ dîn klaffen sîn. ich ensage dir anders niht wan daz dir <u>alsam</u> geschiht.' Er.84.

(eben-) so

* **alsam** *Präp. ohne Kasusforderung*
  sô schein diu lîch dâ durch wîz <u>alsam</u> ein swan. Er.329.

wie

* **alsam** *Konj. (§ 465.4).*
  Êrec der muotveste bedâhte sich vrœlîch und wol, <u>alsam</u> der unverzagete sol [...]. Er.8119.

wie, als ob

---

antwurten, antwürten

---

antwurten, antwürten *sw. Vb. (RU ü: u § 262).*
Erec <u>antwurte</u> dem ritter dô. Er.5634.

antworten; Rechenschaft geben; a.B.

---

begân, begên vgl. gân

---

* **begân** (begên), begienc, begiengen, begân *u. Vb. (§ 280)*
  die triuwe die dû an mir <u>begâst</u>, die sol dir vergelten got. Heinr.942.

tun, machen; leben; sich beschäftigen; leisten; a.B.

---

behalten

Δ **behalten**, behielt, behielten, behalten *st. Vb. VII*
er suochte gnâde unde rât zallen zîten an got und <u>behielt</u> starke sîn gebot. Greg.1260.

(be-) halten; erhalten; sich vorsehen; bewahren; beachten; a.B.

---

bereit

---

bereit *Adj. (§ 199.A.1).*
durch daz wære ich gerne <u>bereit</u> ze sprechenne die wârheit daz gotes wille wære [...]. Greg.35.

bereit; gerüstet; eifrig; verfügbar

---

binden

---

binden, bant, bunden gebunden *st. Vb. IIIa*
dô gienc der arme Heinrich hin dâ er die maget <u>gebunden</u> sach. Heinr.1270.

(ver-) binden; setzen; legen; richten; verpflichten; a.B.

---

bîten

---

* **bîten**, beit, biten, gebiten *st. Vb. Ia*
  dô enwart niht <u>gebiten</u> mê. er vorhte im grôzer

warten; ausharren; Aufschub

90 Erster Teil: Grundwortschatz

swære, daz er versûmet wære [...]. Greg.3070.   **gewähren**

bœse, bôse

---

bœse, bôse *Sb.; zu Adj. –> Sb. s. § 394.*   **Böses, Übel**
[...[sô ist sî einer swachen art, daz si ie sô diemüete wart daz sî iht bœses ruochet. Iw.1571.
Δ **bœse, bôse** *Adj. (§ 199.A.1).*   **böse, schlimm;**
hüetent iuwer ougen offenbar und tougen. lant si   **schädlich; wert-**
guote site spehen und die bœsen übersehen. Wa.   **los; geizig**
87.17.

breit

Δ **breit** *Sb. (gelegentlich indekl. Sb. mit G [§ 394]).*   **Breite, Größe**
ich hân sô breit der erden *(zit. nach Paul 1998*
§ 394)
breit *Adj.*   **breit; groß; voll;**
[...] und begunde nemen in die hant ein scharphez   **verbreitet, be-**
mezzer, daz dâ lac, des er ze selhen dingen phlac. ez   **kannt**
was lanc unde breit [...]. Heinr.1208. *(oft formel-*
haft: lanc unde breit).

dien(e)st vgl. dienen

---

dien(e)st *Sb.*   **Dienst, Dienst-**
mînem herren und der künegîn sult ir mînen dienest   **leistung; Hilfe-**
sagen und mich zornes übertragen. Er.4981.   **leistung; Dienst-**
   barkeit

eigen

Δ **eigen** *Sb.*   **Eigentum, Land**
Bestiftet iuwer eigen [...] mit rîchen klôstern (daz   **(Grund-) Besitz;**
ist guot). Greg.2731.
eigen *Adj.*   **eigen; eigentüm-**
so wil ich mich neigen, und tuon allez daz si wil.   **lich**
waz bedarf si denne zoubers vil? wan deich bin ir
eigen. Wa.116.21.

ein-ander

---

einander *Pron. (Reziprokpron.).*   **einander, zu-**
wâ wart ir triuwe merre dan vriunt bî vriunde vin-   **sammen, ge-**
den sol, die beide einander trûwent wol? Er.4559.   **meinsam, ge-**
   genseitig

ellen

---

* **ellen** *Sb.*   **Mut, Kühnheit;**
durch sînes lîbes ellen wart im daz grüezen getân.   **Stärke, Kraft**

Nib.1666.7.

engegen, engein vgl. gegen

engegen, engein *Modal- und Lokaladv. (häufig in Verbindung mit dâ); zu en > ent s. § 149.*
dem wirte was diu arbeit die er von grôzer armuot leit dâ wider süeze als ein mete <u>dâ engegen</u> und im diu schame tete. Er.424.

dagegen; dort, dorthin, auf der anderen Seite

engegen, engein *Präp. D*
als er si zuo rîten sach, er gienc <u>engegen</u> in unde sprach: 'willekomen, vrouwe und herre.' Er.3626.

gegen, gegenüber, vor, entgegen

entwîchen

entwîchen, entweich, entwichen, entwichen *st. Vb. Ia*
diu rôsen varwe ir <u>entweich</u>, nû rôt und danne bleich wart si dô vil dicke [...]. Er.1712.

fliehen; sich entfernen; zurückweichen; entgleiten

erbarmen

erbarmen *sw. Vb.*
des übelen vischæres wîp <u>erbarmte</u> sich über sînen lîp. Greg.2835.

sich erbarmen, leid tun, dauern

erde

erde *Sb.*
do gotes sun hie in <u>erde</u> gie, do versuohten in die juden ie [...]. Wa.11.18.

Erde; Welt; Land; Boden

gâhen

* **gâhen** *sw. Vb.*
sî <u>gâhte</u> über jenez velt [...]. Iw.3107.

eilen; sich beeilen; nachjagen; streben

ge-danc vgl. danc

* **gedanc** *Sb. (U danc: ge-denke § 177.A.2).*
dû hâst einen tumben <u>gedanc</u>, daz dû sunder sînen danc gerst ze lebenne einen tac [...]. Heinr.1243.

Gedanke; Vorstellung; Absicht; Einfall; a.B.

gegen, gein vgl. engegen

gegen, gein *Präp. D, (A); zu gegen: gein s. § 107.*
ich reit <u>gegen</u> dem bürgetor [...]. Iw.281.
gegen *Erstglied einer WBK (gegendienst).*

gegen, gegenüber, entgegen, an, auf, mit; a.B.

gelouben

gelouben *sw. Vb.; zu geloupte s. § 94.*
er was einem Môre gelîch, michel unde als eislîch
daz ez niemen wol geloubet. Iw.427.

(ver-))trauen;
glauben; folgen;
ablassen; a.B.

geniezen

Δ **geniezen**, genôz, genuzzen, genozzen *st. Vb. IIb*
herre got, nû lêre mich der rede der ich genieze
[…]. Iw.5988.

Nutzen/Vorteil
haben; Dank/
Lohn erhalten;
a.B.

gêr

gêr *Sb.*
dô schuzzen si die gêre mit krefte von der hant
durch die vesten schilde […]. Nib.2038.1.

(Wurf-) Spieß;
Speer

gereit(e)

* **gereit(e)** *Sb.*
[si] zôch ein pfärit an der hant, daz vil harte sanfte
truoc (ouch was der zoum rîche genuoc, daz gereite
guot von golde) […]. Iw.3460.

Ausrüstung;
Reitzeug; Sattel

* **gereit(e)** *Adj.*
nû was der künec Artûs gereit: der schiet mit urlou-
be dan. Iw.2956.

bereit; vorhan-
den; willig; bar

* **gereite** *Temporal- und Modaladv.*
nû hetez diu maget alsus ervarn. war er die tavel leite, daz ersach si vil gereite. Greg.2326.

sofort, bereits;
bereitwillig

ge-zemen

* **gezemen**, gezam, gezâmen, gezomen *st. Vb. IV*
die wile ich singen wil, so vinde ich iemer wol ein
niuwe lop daz ir gezimet. Wa.64.24.

sich gehören;
sich eignen;
passend sein;
Ehre machen

grâve

grâve *Sb.*
er hete dâ vor gehabet ê guotes und ouch êren mê.
er was ein rîche grâve […]. Er.400.

Graf; Gerichts-
herr

güete

Δ **güete** *Sb.*
swer an rehte güete wendet sîn gemüete dem volget
sælde und êre. Iw.1. des phlasters güete er wol em-
phant: wan als er verbunden wart, dô hügete er wider ûf die vart. Er.5247.

Güte; Gnade;
Freundlichkeit;
Gunst; Voll-
kommenheit

Häufigkeitsgruppe 7 **93**

hiute

hiute *Temporaladv.*   **heute**
des habent die wârheit sîne lantliute: si jehent er lebe
noch <u>hiute</u> [...]. Iw.12.

hôch, hôhe, hœhe, hô

hôhe, hœhe *Sb.; zu ch: h s. § 140.*   **(An-) Höhe**
ir minne muoz sîn sîner gedanke ein <u>hœhe</u> (HWB I,
1323).

hôch, hô *Adj.*   **hoch; groß; vor-**
dern wâren niender zwêne gelîch: ir sanc was sô   **nehm; laut**
mislîch, <u>hôch</u> und nidere. Iw.615.

hôhe, hô *Lokal- und Modaladv. (§ 205).*   **hoch, aus der/in**
[...] ich sagez al der werlte wol daz er ein vuntkint   **die Höhe; laut,**
ist (sô helfe mir der heilige Krist), swie <u>hôhe</u> er nû   **vornehm**
sî gesezzen. Greg.1322.

hôch *Erstglied einer WBK (hôchmüete, hôchvart).*

juncvrouwe, -vrou

Δ juncvrouwe, -vrou *Sb.*   **junge Herrin;**
sus leit kurzen ungemach diu <u>juncvrouwe</u> Ênîte von   **(Edel-) Fräulein;**
schame unlange zîte. Er.1723.   **Hofdame; Jung-**
                                                         frau

klage

klage *Sb.*   **(Weh-, Toten-)**
mir gât ze herzen ir <u>clage</u> nâher dan ich iemen sage.   **Klage; Leid**
Iw.1433.

klein(e)

Δ klein *Adj. (§ 199.A.1).*   **fein, zierlich;**
ouch sante sî bî ir dan vrischiu cleider, seit von gran   **schmächtig;**
und <u>cleiner</u> lînwæte zwei, schuohe unde hosen von   **klug; gering**
sei. Iw.3453.

Δ kleine *Modaladv. (§ 205).*   **fein; genau,**
dar nâch gap sî im an wîze lînwât reine, geridiert   **sorgfältig**
harte <u>cleine</u> [...]. Iw.6482.

Δ kleine *Neg. (§ 436).*   **gar nicht, wenig**
ez seic ûz dem steine wazzers harte <u>kleine</u>. Greg.
3123.

küssen

küssen *sw. Vb. (RU ü: u § 262).*   **küssen**
ir minneclicher redender munt der machet daz man
<u>küssen</u> muoz. Wa.43.37.

laster

Δ laster *Sb. (N. A. Pl. -ø).*
swie wol er daz erkande daz er dâ heime vunde mit gemeinem munde niuwan <u>laster</u> unde spot: daz liez er allez an got. Heinr.1348.

Schmähung, Beleidigung; Schimpf; Makel

leie

leie *Sb.*
pfaffen solten kiuscher danne <u>leien</u> wesen [...]. Wa. 34.1.

Laie

liebe vgl. liep

Δ liebe *Sb.*
waz möhte sich gelîchen sô nâhen gânder riuwe die si von ir triuwe durch ir mannes <u>liebe</u> leit? Er.3141.

Liebe; Gunst; Freundlichkeit; Freude

lôn

lôn *Sb.*
welt, du ensolt niht umbe daz zürnen, ob ich <u>lones</u> man. Wa.60.13.

Lohn, Belohnung; Vergeltung

lop, lob-

lop, lob- *Sb.*
die wile ich singen wil, so vinde ich iemer wol ein niuwe <u>lop</u> daz ir gezimet. Wa.64.24.

Lob, Preis, Lobpreisung

manheit

* manheit *Sb.*
dû hetest an in geleit die kraft und die <u>manheit</u> daz im von gehiuren dingen nie mohte misselingen. Iw.1385.

Männlichkeit; Tapferkeit; männliche Tat

mâze

Δ mâze *Sb.*
aller werdekeit ein füegerinne, daz sit ir zeware, frowe <u>Maze</u>. Wa.46.32. dô gruoztern als einn suochhunt und volgt im von der strâze wol eines wurfes <u>mâze</u> [...]. Iw.3894.

Angemessenheit; Mäßigung; Bescheidenheit; Maß

Δ ze/die mâze *Modaladv. (§ 209).*
dâ von begunde er in dô dise rede wizzen lân, als ich iu gesaget hân, rehte <u>zuo der mâze</u> als im ûf der strâze sîn geselle sagete [...]. Er.8459.

in der Art und Weise; ebenso

Häufigkeitsgruppe 7 **95**

Δ **ze/die mâze** *Part.*   **ziemlich, mäßig**
ein borte ir hâr zesamene bant: der was <u>ze mâze</u>
breit. Er.1573.
Δ **ze/die mâze** *Neg. (§ 436).*   **gar nicht; wenig**
den frowen was <u>ze mâze</u> zorn. (HWB I, 2065).

---

meie

meie *Sb.*   **Mai; Mailied;**
der <u>meie</u> bringe uns al sin wunder. Wa.46.16.   **Frühlingsfest**

---

meinen

Δ **meinen** *sw. Vb.; zu meinde s. § 146.*   **sinnen; beden-**
der abbet [...] sprach, waz ez möhte sîn: dâ <u>meinde</u> **ken; lieben;**
er daz väzzelîn. Greg.996. so möhtes ouch gelou- **wollen; glauben**
ben mir daz ich si gar von herzen <u>meine</u>. Wa.99.2.

---

mitte

mitte *Sb.*   **Mitte**
ein wazzer von der selben <u>mitte</u> vlôz. (HWB I,
2186).
Δ **mitte** *Adj.*   **mittler-**
dô im der <u>mitte</u> tac kam, daz kint er ûf den arm nam
[...]. Greg.1109.
* **enmitten** *Lokaladv. (§ 209.4).*   **mitten, in der**
nû huop sich ouch sâ vil rîch diu vespereide <u>enmit-</u> **Mitte**
<u>ten</u> ûf der heide. Er.2453.
mitte *Erstglied einer WBK (mittewoch).*

---

münster

münster *Sb.*   **Kloster-, Stifts-**
Prünhilt dô weinde: Kriemhilt niht langer lie, vor **kirche; Dom**
des küneges wîbe inz <u>münster</u> si dô gie mit ir ingesinde. Nib.843.1.

---

muoter

muoter *Sb. (§ 185.3).*   **Mutter; Anstifte-**
jâ gebôt er unde bater, daz man <u>muoter</u> unde vater **rin**
minne und êre biete [...]. Heinr.641.

---

nam(e)

nam(e) *Sb.*   **Name; Rang,**
wip muoz iemer sin der wibe hohste <u>name</u>, und tiu- **Stand; Person**
ret baz dan frowe, als ichz erkenne. Wa.48.38.

96 Erster Teil: Grundwortschatz

Δ mit namen, benamen *Modaladv.*
bî sînem boten bater den künec Lac sînen vater daz
er sînen sweher alten zweier hiuser lieze walten
[...]. <u>mit namen</u> begunder er sî zeigen, Montrevel
und Rôadân. Er.1821.

**mit Namen, dem
Namen nach**

* benamen *Mod.*
si gedâhte 'mit mînem lîbe mac ich den brunnen niht
erwern: mich muoz ein biderbe man nern, ode ich
bin <u>benamen</u> verlorn.' Iw.2058.

**wahrlich, wirk-
lich**

ôr(e)

ôr(e) *Sb.*
zungen, ougen, <u>oren</u> sint dicke schalchaft, zeren
blint. Wa.87.35.

Ohr

---

pfert, pferit vgl. ros

---

pfert, pferit *Sb.; zu <ph, pf> s. § 20.*
si saz in guoter kündekheit ûf ir <u>pfärit</u> unde reit
[...]. Iw.3599.

Reitpferd

---

rein(e)

Δ rein(e)*Sb.; zu Adj. –> Sb. s. § 394.*
do si suochen begunden [...], der guote und der <u>rei-
ne</u> der wart ir schiere innen. Greg.3406.

der Reine etc.

rein(e) *Adj. (§ 199.A.1).*
daz er dem vater hete gesaget, daz erhôrte diu <u>reine</u>
maget [...]. Heinr.459.

**rein, lauter;
herrlich; keusch**

Δ rein(e) *Modaladv. und Part. (§ 205).*
ez <u>reine</u> ûz brennen. (HWB II, 389).

**rein; vollkom-
men, ganz und
gar**

---

rinc, ring-

---

rinc, ring- *Sb.*
daz bluot man durch die <u>ringe</u> dem helden vliezen
sach [...]. Nib.2360.1.

**(Finger-,
Panzer-) Ring;
Gericht; Kampf-
ring**

---

riuwe, rewe vgl. riuwen

Δ riuwe, rewe *Sb.; (Schwund des <w> § 117).*
sô hât der zwîvel im benomen den wuocher der <u>riu-
we</u>. Greg.74. in begreif ein selch <u>riuwe</u> daz er sîn
selbes vergaz und al swîgende saz. Iw.3090.

**Reue; Schmerz,
Leid; Trauer**

---

rôse

---

rôse *Sb.*

Rose

ir wangen wurden rot, same diu <u>rose</u>, da si bi der liljen stat. Wa.74.30.

sache

Δ **sache** *Sb.*
sich vlizzen sîne sinne wie er alle sîne <u>sache</u> wante zuo gemache. Er.2931.

Sache, Angelegenheit; Streitsache; Klage

sælde

* **sælde** *Sb.*
swer an rehte güete wendet sîn gemüete, dem volget <u>sælde</u> und êre. Iw.1. doch hât mir got die <u>sælde</u> gegeben daz sich diu rede verkêret hât [...]. Er.973.
sælde(n) *Erstglied einer WBK (sældenlouf, sældelôs).*

Segen, Heil, Glück; Seligkeit; Gnade; Güte

sælec, -ic, sæleg-, -ig-

sælec, -ic, sæleg-, -ig- *Sb.; zu Adj. –> Sb. s. § 394; zu -ec, -ic s. § 59.3.*
ez ist iuch nützer verswigen, und vreut iuch mitten <u>sæligen</u>. Iw.4447.

der Glückliche etc.

sælec, -ic, sæleg-, -ig- *Adj.; zum Adv. sæleclîche s. § 206; zu -ec, -ic s. § 59.3.*
reiniu wip und guote man, swaz der nu lebe, die müezen <u>sælic</u> sin. Wa.91.9.

glücklich; selig, gesegnet; gut; heilig

schaffen

Δ **schaffen,** schuof, schuofen, geschaffen *st. Vb VI (< ahd. scepfen) und sw. Vb. (< ahd. scaf[f]ôn) (§ 252.A.3); das sw. Vb. stimmt in der Bedeutung mit dem st. Vb. überein; zu schaffen: schepfen s. § 252.A.3.*
'herre, rîcher got, war umbe <u>geschuof</u> dîn gebot einen sô vollekomen man?' Er.8086.

schaffen, tun, machen; bewirken; ins Werk setzen; einrichten; a.B.

schouwen

schouwen *sw. Vb.: (Schwund des <w> § 117).*
daz hûs er <u>schouwen</u> begunde und enwânde niht daz er vunde ieman dar inne [...]. Er.260.

sehen, schauen, betrachten

spehen

spehen *sw. Vb.*
hüetent iuwer ougen offenbar und tougen. lant si

schauen, betrachten; forschen; prüfen;

guote site <u>spehen</u> und die bœsen übersehen. Wa. 87.17.

beurteilen

starc, starke

Δ **starc** *Adj.*
nû was ez doch ein <u>starkez</u> dinc ze sehenne ein vehten von zwein sô guoten knehten [...]. Iw.6932.

Δ **starke** *Modaladv. (§ 205).*
er was <u>starke</u> gezan, als ein eber, niht als ein man.
Iw.455.

Δ **starke** *Part.*
nû wunderte si vil <u>starke</u> wie si [diu barke] dar komen wære alsô liute lære. Greg.956.

**stark, gewaltig;
schwierig; böse;
schlimm**

**schlimm; gewal-
tig;**

sehr

stechen

Δ **stechen**, stach, stâchen, gestochen *st. Vb. IV
(§ 248).*
ir ietweder sîn sper durch des andern schilt <u>stach</u> ûf
den lîp daz ez zebrach [...]. Iw.1014.

**stechen; turnie-
ren; stecken;
Feuer legen**

sun

sun *Sb.; zu u > o s. § 50.*
des selben landes herre gewan bî sînem wîbe zwei
kint [...], einen <u>sun</u> und ein tohterlîn. Greg.180.

Sohn; Junges

swester

swester *Sb. (§ 185.3); zu sw > schw s. § 155.*
ich bevilhe dir die sêle mîn und diz schœne kint, die
<u>swester</u> dîn [...]. Greg.259.

**Schwester;
Nonne**

trôst vgl. trœsten

Δ **trôst** *Sb.*
swer durch des helleschergen rât den <u>trôst</u> ze sîner
jugent hat [...], der gedenket anders danne er sol.
Greg.7.

**Zuversicht, Mut;
Hilfe; Beschüt-
zer; Geliebte**

twingen

* **twingen**, twanc, twungen, getwungen *st. Vb. IIIa;
zu tw > zw s. § 148.*
und alser der tôtwunden rehte het enpfunden, dô
<u>twanc</u> in des tôdes leit [...]. Iw.1051.

**(be-) zwingen,
nötigen; Gewalt
antun; einzwän-
gen**

Häufigkeitsgruppe 7 **99**

übel(e), ubel(e)

übel(e) *Sb.*
nû nemet diu ros in iuwer phlege und bewart si alsô
schône daz ich iu mit <u>übele</u> iht lône […]. Er.3433.

Böse, Übel; Schlechtigkeit; Unheil

übel, ubel *Adj. (Komp. wirser, Sup. wirsest [§ 204]).*
swaz den kumet in den muot, ez sî <u>übel</u> ode guot,
dar zuo ist in allen gâch […]. Heinr.951.

übel, böse, boshaft; grimmig; schlecht

übele, ubele *Modaladv. (§ 205); vgl. wirs.*
ichn gewan nie liep noch ungemach, ich enlebe <u>übe</u>-
<u>le</u> noch wol. Greg.798.

böse; schwierig, schwer

un-gevüege, un-gevuoge

* **ungevüege, ungevuoge** *Adj.*
owe, hovelichez singen, daz dich <u>ungefüege</u> dœne
solten ie ze hove verdringen! Wa.64.31.

unhöflich, unfreundlich; unpasssend; a.B.

verge, ver

* **verge, ver** *Sb.*
der übermüete <u>verge</u> nam selbe daz ruoder an die
hant. Nib.1553.7.

Schiffer, Fährmann

vergezzen

vergezzen, vergaz, vergâzen, vergezzen *st. Vb. V*
wie lützel si <u>vergâzen</u> der swerte bî der sîten!
Greg.2128.

vergessen

verlâzen, verlân

verlâzen (verlân), verliez (verlie), verliezen, verlân
u. Vb. (kontr. Vb. § 287).
nû riten si beide âne holz niuwan heide, unz daz si
der tac <u>verlie</u>. Er.3106.

verlassen; loslassen; aufgeben; geschehen lassen; a.B.

vertragen

Δ **vertragen**, vertruoc, vertruogen, vertragen *st. Vb.*
VI (Kontr. -tragest: -treist § 108).
wan daz man imz durch got <u>vertreit</u>, man dulte ez
unlange vrist. Greg.1318.

wegtragen; führen; verleiten; erdulden; geschehen lassen; a.B.

vliehen

vliehen, vlôch, vluhen, gevlo*hen st. Vb. IIb; zu*
vlôch: vlô s. § 140.A.2.
der selbe sach im daz wol an daz er niht rehtes sin-

fliehen; sich flüchten

100 Erster Teil: Grundwortschatz

nes was. der <u>vlôch</u> in [...]. Iw.3288.

vlîz

vlîz *Sb.*
ich wæne got sînen <u>vlîz</u> an sî hâte geleit von schœne
und von sælekeit. Er.339.
Δ mit/ze vlîze *Modaladv.*
dô dirre knabe zuo reit, <u>ze vlîze</u> begunde er schouwen die bekumberten vrouwen. Er.3499.

(Wett-) Eifer;
Sorgfalt; Wider-
streit
sorgfältig; ab-
sichtlich;

vrist

vrist *Sb.*
wan daz man imz durch got vertreit, man dulte ez
unlange <u>vrist</u>. Greg.1318.

Aufschub, Frist;
Termin; Zeit;
Zeitpunkt

vruo

vruo *Adj.*
sît daz der strît sol wesen <u>vruo</u>, sô ensûmet uns niht
mêre. Er.583.
vruo *Temporaladv.; zu vruo: vrüeje s. § 205.*
sît im der tac ze kamphe stuont, er tete als die wîsen
tuont, wan hie hôrte vorhte zuo, ûf stuont er vil
<u>vruo</u>. Er.8632.

früh

früh

wer(e)

Δ wer(e) *Sb. mask.*
wær ritterschaft sîn endes wer. (HWB III, 767).
wer(e) *Sb. fem.*
[...[welt ir den brunnen und daz lant niht verliesen
âne strît, sô warnet iuch der <u>wer</u> enzît, und lât iuwern swæren muot. Iw.1857.
Δ wer *Sb. fem.*
her vindet willenclîche <u>wer</u> an mir. (HWB III, 767).

Gewährleister

Verteidigung;
Widerstand;
Heer; Schutz

Gewährung

wilt, wilde

Δ wilde *Sb. fem.*
[...] einen stûc ich dô gevienc: der truoc mich ûz der
<u>wilde</u>, und kam an ein gevilde. Iw.274.
wilt *Sb. neutr.*
des morgens schiet er von dan und vant den griulî-
chen man ûf einem gevilde stân bî sînem <u>wilde</u> [...].
Iw.979.

Wildnis; Heftig-
keit

Wild, wildes
Tier

Häufigkeitsgruppe 7 101

wilt, wilde *Adj. (§ 199.A.1).*
[...] nû gît mir doch des bilde dirre lewe <u>wilde</u>, daz
er von herzeleide sich wolde erstechen umbe mich
[...]. Iw.4001.

**wild, unbe-
wohnt; abge-
storben; unstet;
unwahr; a.B.**

wirde

* **wirde** *Sb.*
owe, hovelichez singen, daz dich ungefüege dœne
solten ie ze hove verdringen! [...] owe daz din <u>wir-
de</u> also geliget. Wa.64.31.

**Wert, Ansehen;
Würde; Ehre**

wunde

wunde *Sb.*
nû was si ir mannes siges vrô: sîn <u>wunden</u> weinde
si aber dô. Er.4304.

Wunde

wunder

Δ **wunder** *Sb. (N. A. Pl. - ∅).*
der meie bringe uns al sin <u>wunder</u>: waz ist da so
wünnecliches under als ir vil minneclicher lip?
Wa.46.16.
wunder *Erstglied einer WBK (wunderære, wun-
derlich, wunderspil).*

**Verwunderung;
Wunder; Un-
menge, Unzahl**

zerbrechen vgl. brechen

zerbrechen, zerbrach, zerbrâchen, zerbrochen *st.
Vb. IV*
sîn schilt was <u>zebrochen</u> [...]. Er.2822.

**zerbrechen; en-
den; verletzen;
a.B.**

zesamen(e), zamen

zesamen(e), zamen *Modal- und Temporaladv.*
man sach sî dort <u>zesamne</u> komen und vîentlîchen
gebâren [...]. Iw.7012.

**zusammen; zu-
gleich**

zürnen, zurnen vgl. zorn

zürnen, zurnen *sw. Vb.; zu zürnen: zorn s. § 34.*
welt, du ensolt niht umbe daz <u>zürnen</u>, ob ich lones
man. Wa.60.13.

**zürnen, aufge-
bracht sein**

zuht vgl. ziehen

Δ **zuht** *Sb.*
der herre stuont von sedele. daz was durch grôze
<u>zuht</u> getân. Nib.1185.7. mit <u>zühten</u> si zuo im sprach

**Ziehen; Rich-
tung; Weg; Bil-
dung; Züchti-**

'got grüeze iuch, geselle, und vernemet waz ich welle.' Er.31. si [diu tohter] enkunde in dirre werlde niht baz verwendet sîn ûf zuht und ûf êre, ûf triuwe und ouch ûf guot. Nib.2161.3. tiuschiu zuht gat vor in allen. Wa.56.37.

gung; Sitte, Lebensart; Höflichkeit; Anstand; Nahrung; a.B.

Häufigkeitsgruppe 8

69 Leitlemmata mit einer Häufigkeit von 35-31 (= 1.05%) in Ha., von 23-21 in Nib. und von 8-7 in Wa.; ihnen zugeordnet 84 Lemmata: 17 Vokabelfälle (*) (20%), 21 semantische Fallen (Δ) (24%) und 47 erschließbare Wörter (56%).

âventiure

âventiure *Sb.; zu v > b s. § 117.A.1.*
ez geschach mir, dâ von ist ez wâr, (es sint wol nû zehen jâr) daz ich nâch <u>âventiure</u> reit […]. Iw.259.
ichn weiz ir zweier wehsel niht: wan als diu <u>âventiure</u> giht, sô was her Îwein âne strît ein degen vordes unde sît. Iw.3025.

Erzählung; Quelle; Neuigkeit; Begebenheit, Abenteuer; Kampf; a.B.

bâbest, pâbest

bâbest, pâbest *Sb.; zu b > p s. § 127.*
da weinte ein klosenære, er klagete gote siniu leit: 'owe der <u>babest</u> ist ze junc; hilf, herre, diner kristenheit!' Wa.9.37.

Papst

biderbe

* biderbe *Sb.; zu Adj. –> Sb. s. § 394.*
nû versmâhe ich den bœsen, die <u>biderben</u> ruochent mîn niht. Heinr.412.

der Rechtschaffene etc.

* biderbe *Adj. (§ 199.A.1).*
vor dem zierte si ir lîp, als ein minnendez wîp ûf einen <u>biderben</u> man sol dem si gerne behagete wol. Greg.875.

rechtschaffen; tapfer; tüchtig; gut

blint, blind-

blint, blind- *Adj.*
ich wart an allen minen sinnen <u>blint</u>. Wa.121.28.

blind; verdunkelt; unvernünftig

brunne

brunne *Sb.; zu brunne: born s. § 122.*
und ob dem <u>brunne</u> stât ein harte zierlîcher stein, undersatzt mit vieren marmelînen tieren. Iw.581.

Quelle; Brunnen; Wasser

danc, dank- vgl. ge-danc

Δ danc, dank- *Sb.*
[…] des saget er ir gnâde und <u>danc</u>. Iw.1223. war umbe liget ir dâ durch got? […] vielet ir sunder iuwern <u>danc</u>? Iw.2591.

Dank; Lob; Lohn; Gedanke; Absicht

Δ dankes *Modaladv. (§ 209.e).*
[…] und swer ouch <u>dankes</u> missetuo, daz man dem erbolgen sî. Iw.2736.

freiwillig; vorsätzlich; unbewußt

104 Erster Teil: Grundwortschatz

deiswâr

* **deiswâr** *Satzäqu.*
deiswâr[,] dâ was ein bœser man in vil swachem werde […]. Iw.38.

wahrlich, wirklich

deste

deste *Partikel zum Komp. (§ 396).*
dô sî her Îwein eine ersach unde ir meinlich ungemach […], dô minnet er sî deste mê. Iw.1599.

desto, umso; viel

durfen, dürfen

durfen (dürfen), dorfte, dorften *u. Vb. (Prät. präs. §§ 269 - 275; zur Funktion eines Modalverbs s. § 276).*
du endarft dich niht sêre schamen. Er.4753.

brauchen; müssen; sollen; können; dürfen

enbern

enbern, enbar, enbâren, enborn *st. Vb. IV; zu en > ent s. § 149.*
ir sehet wol deich ze dirre stunt bin müede unde wunt und sô unhovebære daz ich wol hoves enbære, hetet ir es mich erlân. Er.5062.

verzichten; entbehren; missen

engelten vgl. gelten

engelten, engalt, engulten, engolten *st. Vb. IIIb; zu en > ent s. § 149.*
dô diu vrouwe ir maget vertreip und sî eine beleip, dô begundes sêre riuwen daz sî ir grôzen triuwen wider sî sô sêre engalt. Iw.2009.

entgelten; büßen; leiden; Schaden erleiden

ezzen

ezzen, az, âzen, gezzen *st. Vb. V (âz § 249.A.3); zu gezzen s. § 243. A.1; zu gâzen < ge-âzen s. § 308.c.*
dô er gâz und getranc, dô huopz gesinde grôzen schal ze bêden porten über al […]. Iw.1224.

essen; fressen; sich ernähren

ge-dienen

* **gedienen** *sw. Vb.*
reiniu wip und guote man, swaz der nu lebe, die müezen sælic sin. swaz ich den gedienen kan, daz tuon ich noch […]. Wa.91.9.

dienen, helfen; streben nach; verdienen; vergelten; a.B.

gemüete vgl. muot

Δ **gemüete** *Sb.*
swer an rehte güete wendet sîn gemüete, dem volget sælde und êre. Iw.1. ez ist benamen der man, als ich verre kiesen kan und als mir mîn gemüete seit, dem Êrec dô nâch reit. Er.1172.

Sinn, Geist, Herz: Wesen, Gemüt; Stimmung; Mut; Streben; a.B.

---

gesunt, gesund-

Δ **gesunt, gesund-** *Sb.; zu zu Adj. –> Sb. s.*
§ 394.
des was er der verlorne: wand er muos im ze suone geben sîn gesunt und sîn leben [...]. Iw.5630.

Gesundheit; Leben

gesunt, gesund- *Adj.*
mir ist sînes kumbers niht mê kunt: wan er ist junc und gesunt und rîch ze guoter mâze. Greg.2407.

gesund, unverletzt; lebendig

---

gevüege

Δ **gevüege** *Adj*
waz wold ich ze lone? si sint mir ze her, so bin gefüege und bite si nihtes mer, wan daz si mich grüezen schone. Wa.56.27.

klein; kostbar; sanft; anständig; wohlerzogen; gewandt; passend; a.B.

---

ge-wer(e)n

---

gewer(e)n *sw. Vb.*
mîn vrouwe sol mich des gewern, daz ichs mit hulden über sî. Iw.220.

belohnen; erhören; gewähren; leisten

Δ **gewern** *sw. Vb.*
dô diu vriuntschaft ettewie lange werte. (HWB I, 998).

erhalten bleiben; dauern; verbringen

---

grüen(e)

Δ **grüene** *Sb.; zu Adj. –> Sb. s. § 394.*
der kêre si sô vil tâten unz daz si gar vertrâten beide bluomen unde gras, daz dâ niht grüeners was dan umbe mitte winterzît. Er.9162.

(das) Grün; Wiese

grüen(e) *Adj*
diu welt was gelf, rot unde bla, grüen in dem walde und anderswa. Wa.75.25.

grün, frisch, kräftig

grüen *Erstglied einer WBK (grüengevar).*

---

hâr

---

hâr *Sb. (N. A. Pl. -ø).*
ouch wâren im diu ôren als einem walttôren vermieset zewâre mit spannelangem hâre [...]. Iw.439.

Haar; (das) Geringste

106 Erster Teil: Grundwortschatz

Δ **umbe ein hâr, eines hâres** *Part.*   **(ein) wenig**
  swie wê ez dînem lîbe tuo: geriuwetz dich <u>eins hâres</u>
  <u>breit</u>, sô hân ich mîn arbeit unde dû den lîp verlorn.
  Heinr.1100.

Δ **umbe ein hâr, eines hâres** *Neg.*   **nicht**
  dâne hât sich der bote niht versûmet <u>umbe ein hâr</u>.
  Iw.6062.

---

helfe vgl. helfen

---

helfe *Sb.*   **Hilfe, Beistand;**
  'wie habt ir daz verlân irn suochtet <u>helfe</u> unde rât   **Helfer; Gehilfin**
  [...]?' Iw.4510.

---

iedoch vgl. doch

---

iedoch *Adv. („Konjunktionaladv.")*.   **(je-) doch, den-**
  ez ist reht daz mir gelinge: wan ezn sprichet vonme   **noch**
  dinge nieman minre danne ich. <u>iedoch</u> sô vürdert er
  sich, swâ sich der bœse selbe lobet [...]. Iw.2495.

---

irren

Δ **irren** *sw. Vb.*   **verwirren, stö-**
  du weist wol daz die heiden dich niht <u>irrent</u> alters   **ren; sich entfer-**
  eine: an der rache gegen in herre vater niht erwint.   **nen; ungewiß**
  Wa.10.12.   **sein; irren**

---

jâmer

---

jâmer *Sb.*   **Leid, Jammer;**
  von <u>jâmer</u> sî vürder brach ir hâr und diu cleider. Iw.   **Sehnsucht**
  1310.

---

jener/jenez/jeniu

---

jener/jenez/jeniu *Pron. (§ 221)*.   **jener, jenes,**
  spræche ich, sît ez nieman sach, wie dirre sluoc,   **jene**
  wie <u>jener</u> stach: ir einer wart dâ erslagen: dern mohte niht dâ von gesagen. Iw.1035.
jener/jenez/jeniu *Art.*   **jener, jenes,**
  dise vünve und <u>jene</u> drî man von den ich iu vor ge-   **jene**
  saget han, die heten den walt in ir phlege [...].
  Er.3304.

---

jude

---

jude *Sb.*   **Jude**
  do gotes sun hie in erde gie, do versuohten in die

juden ie [...]. Wa.11.18.

kameræere

* kameræere *Sb.*
Sindolt der was scenke, ein ûz erwelter degen. Hûnolt was <u>kameræere</u>. Nib.11.6.

**Kämmerer,
Schatzmeister;
Kammerdiener**

kiesen vgl. erkiesen

* kiesen, kôs, kuren, gekoren *st. Vb. IIb (GW s: r
§ 93).*
ez ist benamen der man, als ich verre <u>kiesen</u> kan
und als mir mîn gemüete seit, dem Êrec dô nâch
reit. Er.1172.

**prüfen, versu-
chen; wählen;
erkennen**

kleit, kleid-

kleit, kleid- *Sb. (N. A. Pl. -ø, daneben auch
kleider [§ 180.A.2]).*
er truoc an seltsæniu <u>cleit</u>: zwô hiute het er an geleit
[...]. Iw.465.

**Kleid, Klei-
dung; Klei-
dungsstück**

kriuz(e), krûz(e)

kriuz(e), krûz(e) *Sb.*
do liez er sich herre verkoufen, daz wir eigen wurden fri, anders wæren wir verlorn; wol dir sper,
<u>kriuz</u> unde dorn! Wa.15.15.
kriuze *Erstglied einer WBK (kriuzevart).*

**Kreuz; Kruzifix;
Kreuzzeichen**

lachen

lachen *sw. Vb.*
ich <u>lache</u> gerne ze aller stunt. Er.7515.
Δ lachen *Sb.*
daz <u>lachen</u> was doch rîch genuoc daz Jûpiter ze dek-
ke truoc [...]. Er.7658.

lachen; lächeln

**Tuch, Decke,
Laken; Oberge-
wand**

leiden

Δ leiden *sw. Vb.*
solt ich dan min herze von dir scheiden, so müest
ich mir selber <u>leiden</u>. Wa.97.18.

**leid/ verhaßt
sein; verleiden;
beleidigen**

lêre

Δ lêre *Sb.*
ir râtes und ir <u>lêre</u> gevolgete sî mêre dan aller ir
vrouwen. Iw. 1793. des gît gewisse <u>lêre</u> künec

**Lehre; Unter-
richt; Fügung;**

108 Erster Teil: Grundwortschatz

Artûs der guote […]. Iw.4.

Weisheit; Beispiel

lêren

lêren *sw. Vb. (GW lêren: list § 93); zu lêren: lârte s. § 262.A.2.*
man sol iuch hie lêren dise hovezuht baz. Iw.6252.

lehren, unterweisen, unterrichten

loufen

loufen, lief, liefen, geloufen *st. Vb. VII*
als daz diu muoter vernam daz ez sus weinende kam, ir kinde si engegen lief. Greg.1295.

laufen; durchlaufen

magedîn, megedîn

* **magedîn, megedîn** *Sb.*
dô schiet ouch sich mit gruoze vil manic schœne magedîn. Nib.1327.7.

Jungfrau; Mädchen; Dienerin

mezzen

mezzen, maz, mâzen, gemezzen *st. Vb. V*
mich hat ein halm gemachet fro: er giht, ich sül genade vinden. ich maz daz selbe kleine stro, als ich hie vor sach von kinden. Wa.66.5.

(ab-, aus-, zu-) messen; geben; mitteilen; vergleichen; erwägen

missetât vgl. tuon

missetât *Sb.*
herre, ich zige dich missetât daz dû mich langer leben lâst […]. Er.5799.

Missetat; Vergehen; Fehltritt

nider(e)

nider *Adj.*
nideriu minne heizet diu so swachet daz der lip nach kranker liebe ringet […]. Wa.47.5.

unter-; niedrig, tief

Δ **nider(e)** *Lokaladv.*
wan jener der dâ nider lac, dern moht im niht ze staten komen. Iw.6780.
nider *Erstglied einer WBK (niderbrechen, nidervart).*

unten; niedrig, tief

nien(e)

* **nien(e)** *Neg.*
niene trure du, wis fro! sanfte zürnen, sere süenen, deis der minne reht […]. Wa.70.5.

nicht

Häufigkeitsgruppe 8 **109**

niener, niender

* **niener, niender** *Neg.; zu niendert s. § 113.*
die rede meinder niender sô. Iw.1439.

nirgend; durchaus nicht, keineswegs

palast, palas

palast, palas *Sb.*
dô hôrt man allenthalben jâmer alsô grôz, daz palas
unde türne von dem wuofe erdôz. Nib.2235.1.

Palast; Empfangsgebäude; Speisesaal

prîs

prîs *Sb.*
der prîs was sîn , und mîn diu schame. Iw.756.

Lob; Wert; Preis; Herrlichkeit; Ruhmestat

rant

rant *Sb.*
dô der sêre wunde des swertes niht envant, done het
er niht mêre wan des schildes rant. Nib.984.1.

Schild (-rand); Rand

scharf

Δ **scharf** *Sb.; zu Adj. –> Sb. s. § 394.*
er ist ritterlich und rent mit scharf. (HWB II, 667).
scharf *Adj.*
mit spern niuwesliffen, mit swerten wol getân, diu
ûf die sporn giengen den wætlîchen man. di fuorten
die vil küenen, scharpf und dar zuo breit. Nib.
401.1.

(das) Scharfe

scharf; rauh; schneidend; eifrig, stark

s ê, sêwe

sê, sêwe *Sb.; zu sê: sêwe s. § 116.A.3; zur Deklination von sê s. § 178.2.*
ez [daz hûs] stuont enmitten in einem sê. Er. 7124.
Δ **sê** *Satzäqu.*
wær ez niht unhövescheit, so wolt ich schrien 'se,
gelücke, se'!. Wa.90.17.

See, Meer

siehe

slâfen

slâfen, slief, sliefen geslâfen *st. Vb. VII; zu sl >
schl s. § 155.*
'[...] nû gân wir slâfen, des ist zît.' Er.8576.

schlafen, schläfrig werden

stœren

stœren *sw. Vb. (RU œ: ô § 262).*
si bienen die si wolten und niht den si solten. do

auseinandertreiben; vertreiben;

110 Erster Teil: Grundwortschatz

storte man diu goteshus. Wa.9.32.

stören, vernichten

strîten

Δ **strîten**, streit, striten, gestriten *st. Vb. Ia*
ich heize ein riter und hân den sin daz ich suochende
rîte einen man der mit mir strîte, der gewâfent sî als
ich. Iw.530.

kämpfen; sich bemühen, streben; wetteifern

swachen

* **swachen** *sw. Vb.*
nideriu minne heizet diu so swachet daz der lip nach
kranker liebe ringet [...]. Wa.47.5.

verringern; (dahin-) schwinden; erniedrigen; tadeln

swar

* **swar** *Lokaladv.; zu swar in der Funktion eines Relativums s. § 450, in der Funktion eines Interrogativums s. § 457.*
iuwer geselle var swar er welle: ir müezet hie mit
mir bestân. Er.3834.

wohin (auch immer)

tiuren, tiuwern

* **tiuren, tiuwern** *sw. Vb.*
wip muoz iemer sin der wibe hohste name, und tiuret baz dan frowe, als ichz erkenne. Wa.48.38.

verherrlichen, preisen; rauben; mangeln

tohter

tohter *Sb. (§ 185.3).*
jâ soltu, liebiu tohter mîn, unser beider vreude sîn
[...]. Heinr.653.

Tochter

turren

* **turren**, torste, torsten *u. Vb. (Prät. präs. § 272).*
ich bin ein wîp und hân die kraft: geturret ir mich
snîden, ich tar ez wol erlîden. Heinr.1128.

wagen, sich unterstehen, sich trauen

überwinden

überwinden, überwant, überwunden, überwunden *st. Vb. IIIa*
dô diu vrouwe von Nârisôn ir nôt überwant von sîner gehülfigen hant, dô begunder urloubes gern.
Iw.3802.

überwältigen, besiegen; überstehen; überzeugen; be-, erweisen

Häufigkeitsgruppe 8 111

un-vuoge

* unvuoge *Sb.*
owe daz din wirde also geliget! des sint alle dine
friunde unfro. daz muoz also sin, nu si also! fro
<u>Unfuoge</u>, ir habt gesiget. Wa.64.35.

Unnatürlichkeit;
Unanständig-
keit; Rohheit;
Schande, Frevel

varwe, var

varwe *Sb.*; *zu w > b s. § 130.*
ir schœnez antlütze gevie der wünneclîchen <u>varwe</u>
mê und wart schœner dan ê: ei wie wol ez ir gezam
dô ir <u>varwe</u> wandel nam! Er.1727.

Farbe; Ausse-
hen; Schönheit,
Glanz

venster

venster *Sb.*
diu <u>venster</u> an den mûren sach man offen stân. Nib.
1318.1.

Fenster (-öff-
nung); Öffnung

verdienen

verdienen *sw. Vb.*
du hast lieber dinge vil, der mir einez werden sol.
welt, wiech daz <u>verdienen</u> wil!. Wa.60.6.

verdienen, ver-
gelten

versinnen

Δ versinnen, versan, versunnen, versunnen *st. Vb.*
IIIa
sie verwizent mir daz ich so nidere wende minen
sanc. daz si niht <u>versinnent</u> sich waz liebe si des haben undanc! Wa.49.31. er ist noch baz ein sælec
man der nie dehein êre gewan dan der êre gewinnet
und sich sô niht <u>versinnet</u> daz er sî behalten künne.
Iw.3969.

merken; zur Be-
sinnung/ zu
Verstand kom-
men; sich besin-
nen; nachden-
ken; begreifen;
a.B.

vier, fier

vier *Sb.*
ouch muoste mite rîten Guivreiz der herre. ir menige
wart niht merre niuwan dise <u>viere</u>. Er.8761.

(die) Vier

Δ fier *Adj.*
sô sult ir machen <u>fieren</u> schilt. (HWB III, 338).

stolz; stattlich,
schön

vier *Zahladj.*
und ob dem brunne stât ein harte zierlîcher stein,
undersatzt mit <u>vieren</u> marmelînen tieren. Iw.581.

vier

112 Erster Teil: Grundwortschatz

vogellîn

vogellîn *Sb. (im Pl. häufiger endungslos [§ 180. A.3]).*
und diu kleinen <u>vogellin</u> wol singent in ir besten wise di si kunnen […]. Wa.45.40.

Vögelchen, Vögelein,

voget, vogt

voget, vogt *Sb.*
der <u>vogt</u> von dem Rîne kleidete sîne man […]. Nib. 1507.1.

Vogt; Schirm-, Landesherr; Statthalter; a.B.

vreuwen, vröuwen

vreuwen, vröuwen *sw. Vb.; zum Schwund des <w> s. § 117.*
wis <u>gevreuwet</u> und geprîset, aller ritter êre! Er. 9673. des lobete er got und <u>vreute</u> sich. Heinr.145.

erfreuen; sich freuen

vrümekeit vgl. vrum

* **vrümekeit** *Sb.*
dô was sîn <u>vrümekeit</u> dar an schîn: er was alsô vorhtsam daz er in mit gewalte nam. Er.213.

Gutes; Güte; Tüchtigkeit; Tapferkeit

vrumen

* **vrumen** *sw. Vb. (vrumen: vrümen § 41.A.6); zu u > o s. § 50.*
war umbe verhenget im des got daz er sô manigen grôzen spot <u>vrumet</u> über sîn hantgetât die er nâch im gebildet hât? Greg..335.

vorwärtskommen; nützen, helfen; befördern; schaffen; bewirken; a.B.

wârheit

Δ **wârheit** *Sb.*
des habent die <u>wârheit</u> sîne lantliute: si jehent er lebe noch hiute […]. Iw.12. nû ist uns ein dinc geseit vil dicke vür die <u>wârheit</u>, swer den andern habe erslagen […], er begunde bluoten anderstunt. Iw.1355.

Wahrheit; Wirklichkeit; Bestätigung; Wahrhaftigkeit, Treue; a.B.

wât

* **wât** *Sb.*
dô welte si im die besten <u>wât</u> und leite im die an. Iw.2198. <u>wât</u> die aller besten die ie man bevant, die treit man zallen zîten in Prünlinde lant. Nib.344.1.

Kleidung; Rüstung

Häufigkeitsgruppe 8 113

welch-, **welh-** vgl. swelch-

welch-, **welh-** *Art.*
<u>welh</u> kint getete ouch ie alsam? Heinr.524.
welch-, **welh-** *Pron.; zu welch- in der Funktion
eines Interrogativums s. § 456.*
[...] ob iz an dinin willin solde stan, wilich under in
allen der beste gevalle. (zitiert nach Paul 1998:
§ 456.).

**welcher, wel-
che, welches**

witze

Δ witze *Sb.*
er was (dâ enliuge ich iu niht an) der jâre ein kint,
der <u>witze</u> ein man. Greg.1179. als ich under wilen
zir gesitze, so si mich mit ir reden lat, so benimt si
mir so gar die <u>witze</u>, daz mir der lip alumme gat.
Wa.115.22.

**Wissen, Ver-
stand; Besin-
nung, Einsicht;
Klugheit; Weis-
heit**

Häufigkeitsgruppe 9

94 Leitlemmata mit einer Häufigkeit von 30-26 (= 1.57%) in Ha., von 20-18 in Nib. und von 6 in Wa.; ihnen zugeordnet 127 Lemmata: 35 Vokabelfälle (*) (28%), 35 semantische Fallen (Δ) (28%) und 57 erschließbare Wörter (44%).

---

aht(e)

* **aht(e)** *Sb.*
got hete dem meier gegeben nâch sîner <u>ahte</u> ein reinez leben. Heinr.295. nû twanc in des sîn <u>ahte</u>, beidiu der hunger und sîn art, dô er des tieres inne wart, daz er daz gerne wolde jagen. Iw.3886.

Art; Beschaffenheit, Wesen; Sitte; Stand; Absicht; Aufmerksamkeit; a.B.

---

armuot vgl. arm

armuot *Sb. (armüete § 180.A.6).*
in enhete dehein sîn bôsheit in dise <u>armuot</u> geleit: ez was von urliuge komen. Er.406.

Armut, Not

---

bedenken

bedenken, bedâht, bedâhten, bedâht *u. Vb.*
(§ 266) (ED bedâhte § 36) (RU e: a § 262).
daz sî sich ein teil noch baz <u>bedæhte</u>, des bater. Heinr.960.

sich besinnen, sich entschließen; nach-, erdenken; sorgen; a.B.

---

bereiten

bereiten *sw. Vb.*
dô sî sich hâte geleit an ir alte bettestat, sî <u>bereite</u> aber ein bat mit weinenden ougen. Heinr.516.

bereiten; bereitstellen; schikken; machen; a.B.

---

berihten

Δ **berihten** *sw. Vb.*
vil süeze wære minne, <u>berihte</u> kranke sinne [...]! Wa.76.22. der dise rede <u>berihte</u>, in tiusche gedihte, daz was von Ouwe Hartman. Greg.171.

ordnen; er-, aufrichten; ausrüsten; bewahren; unterrichten a.B.

---

bescheiden

Δ **bescheiden**, beschiet, beschieden, bescheiden *st. Vb. VII*
der garzûn tete als si im <u>beschiet</u> [...]. Iw.2179.
Δ **bescheiden** *Adj.*
hie erzeicte sîne hövescheit her Gâwein der <u>bescheiden</u> man, und ich sage iu war an. Iw.2714.

bestimmen; deuten; mitteilen; gewähren; a.B. klug; verständig; gebildet; gerecht; bestimmt

---

besunder, besundern

Δ **besunder** *Adj.; zu u > o s. § 50.*
ein <u>besunder</u> sicherheit. HWB I, 231.

eigen, groß

116 Erster Teil: Grundwortschatz

Δ **besunder, besundern** *Modaladv.*
nû nâmen si in <u>besunder</u> und sageten im ir geverte gar [...]. Er.629.

einzeln; allein; abseits; im einzelnen

blôz(e), blœze

Δ **blôze, blœze** *Sb.*
wan diu selbe stimme wîst in durch michel waltgevelle hin dâ er an einer <u>blœze</u> ersach wâ ein grimmer kampf geschach [...]. Iw.3835.

Blöße; Lichtung; Offenbarung

blôz *Adj.*
nû wolde er in entrinnen, wan sîn schame diu was grôz. er was nacket unde <u>blôz</u>. Greg.3408.

nackt; kahl; ungeschützt; leer; offen

bluot

bluot *Sb. neutr.*
in hete der strît getân vil heiz: beide <u>bluot</u> unde sweiz hâte si berunnen gar. Er.4498.

Blut

Δ **bluot** *Sb. fem. (§ 176.A.2); vgl. blüete.*
[...] der vant dâ swes in gezam von wünneclîcher ahte, boume maneger slahte, die einhalp obez bâren und andersît wâren mit wünneclîcher <u>blüete</u>. Er. 8717.

Blüte; Blume

brust

brust *Sb.*
er dructe si an sîn <u>bruste</u>, vil dicke er si kuste vol minneclîchen [...]. Er.6792.

Brust

buoz(e)

Δ **buoz(e)** *Sb.*
daz ist diu wâre triuwe die er ze gote solde hân: <u>buoze</u> nâch bîhte bestân. Greg.76. sît ichs mir selbe hân getân, ich solts ouch selbe <u>buoze</u> enpfân [...]. Iw.3999.

Strafe; Buße, Wiedergutmachung; (Ab-) Hilfe; Heilung; a.B.

dorn

dorn *Sb.*
jo bræche ich rosen wunder, wan der <u>dorn</u>! Wa. 102.33.

Dorn; Kralle; Dorngestrüpp; Dornenkrone

dort

dort *Lokaladv.*
lob ich hie, so lob er <u>dort</u>. Wa.53.34.

dort, da

dringen

dringen, dranc, drungen, gedrungen *st. Vb. IIIa*
ich han <u>gedrungen</u> unz ich nicht me <u>dringen</u> mac:
ein schar vert uz, diu ander in, naht unde tac [...]
Wa.20.7.

drängen; sich drängeln; herbeieilen; a.B

dulden, dulten

dulden, dulten *sw. Vb.; zu lt > ld s. § 146.*
noch <u>dulde</u> ich baz iuwern zorn dan iuwer lîp wære
verlorn [...]. Er.3416.

dulden, ertragen; zulassen; erfahre; erleben; a.B.

eit, eid-

eit, eid- *Sb.*
die muosen im beide mit triuwen und mit <u>eide</u> vil
wol bestæten daz [...]. Greg.1059.

Eid, Schwur

ellende, ellent

Δ **ellende, ellent** *Sb.*
vrouwe Ênîte urloup nam [...], ze rîten in <u>ellende</u>
von ir lieben muoter. Er.1456.
Δ **ellende** *Adj. (§ 199.A.1).*
ich sol und muoz mich nieten nôt und angest (daz ist
reht) als ein <u>ellender</u> kneht. Greg.1406.

Verbannung, Fremde; Verlassenheit; Einöde fremd; heimatlos; einsam; öde

erkiesen vgl. kiesen

* **erkiesen**, erkôs, erkuren, erkorn *st.Vb. IIb (GW s: r § 93).*
der gnâden ellende hât danne den bœsern teil <u>erkorn</u>. Greg.24.

sehen, erkennen; (er-) wählen; bestimmen; erringen

erzeigen

* **erzeigen** *sw. Vb.*
'gemahel, daz ist dir leit: daz <u>erzeigestû</u> an mir wol,
als ez dir got vergelten sol'. Heinr.912.

er-, beweisen; erfüllen; zeigen; enthüllen; mitteilen

ganz

ganz *Adj.; zum. Adv. ganzlîche(n) s. § 206.*
nû wuosch diu grôze triuwe und diu <u>ganze</u> riuwe
und der ougen ünde den vlecken sîner sünde, daz
im diu sêle genas. Greg.3669.
ganz *Part. und Modaladv.*
also diu sunne schinet durch <u>ganz</u> geworhtez glas,
also gebar diu reine Krist [...]. Wa.4.11.

voll (-ständig), vollkommen, ganz; unversehrt; a.B. ganz; vollkommen; unversehrt; rein; groß

ge-ber(e)n

geber(e)n, gebar, gebâren, geborn *st. Vb. IV*
ez was ein sun, daz si <u>gebar</u> [...]. Greg.670.

entstehen; zeugen; gebären; verursachen

ge-bresten

* **gebresten**, gebrast, gebrâsten, gebrosten *st. Vb. IV; zu bresten: bersten s. § 122.*
der arme Heinrich ez emphienc tugentlîchen unde wol, als ein vrumer ritter sol, dem schœner zühte niht <u>gebrast</u>. Heinr.1338.

fehlen, mangeln; schlechtgehen; mißlingen

geburt

Δ **geburt** *Sb.*
nû habent ir schœnheit unde jugent, <u>geburt</u> rîcheit unde tugent und muget einen alsô biderben man wol gewinnen [...]. Iw.1925.

Geburt; (edle) Herkunft; Geschlecht; Nachkommen

ge-hœren

Δ **gehœren** *sw. Vb. (RU œ: ô § 262).*
ich sach mit minen ougen manne und wibe tougen, daz ich <u>gehorte</u> und gesach swaz iemen tet, swaz iemen sprach. Wa.9.16.

hören; gehören zu; nötig sein

ge-ligen

* **geligen**, gelac, gelâgen, gelegen *u. Vb. (Präsens mit j-Ableitung V § 254).*
owe, hovelichez singen, daz dich ungefüege dœne solten ie ze hove verdringen! [...] owe daz din wirde also <u>geliget</u>. Wa.64.31.

liegen; liegenbleiben; ruhen; sich hinlegen; unterliegen; vergehen; a.B.

gelingen

gelingen, gelanc, gelungen, gelungen *st. Vb. IIIa*
mich betwanc iuwer manheit daz ich wolde werden iuwer man: dâ ist iu wol <u>gelungen</u> an. Er.4517.

Erfolg/ Glück haben; glücken

ge-stân, ge-stên

* **gestân** (gestên), gestuont, gestuonden, gestanden *u. Vb. (Wurzelverb § 281).*
ezn wart nie sloz so manicvalt, daz ez vor dir <u>gestüende</u>, diebe meisterinne [...]. Wa.55.32. ich weiz wol, sî <u>gestânt</u> mir: sus bin ich selbe dritte als ir. Iw.5277.

stehen; sich stellen; sich befinden; gehören; bleiben; beistehen; bestehen; aufhören; a.B.

ge-türren, ge-turren

* **getürren** (geturren), getorste, getorsten *u. Vb.* *(Prät. präs. § 272).*
vil wol gelopter got, wie selten ich dich prise! sit ich von dir beide wort han unde wise, wie <u>getar</u> ich so gefreveln under dime rise? Wa.26.3.

sich (zu-) trauen, wagen; dürfen; wollen

getwerc, getwerg-

* **getwerc, getwerg-** *Sb.; zu tw > zw s. § 148.*
daz <u>getwerc</u> werte ir den wec: daz sach diu künegîn und Êrec daz ez si mit der geisel sluoc [...]. Er.52.

Zwerg

gewin

gewin *Sb.*
mit grôzem vlîze er in des bat daz er des war næme, swenne er wider kæme, daz er in lieze wider in, er bræhte vlust oder <u>gewin</u>. Greg.2086.

Gewinn, Erfolg, Glück; Erwerb; Nutzen; Fülle; Lohn; Preis

gewonheit

gewonheit *Sb.*
dô si ze Karadigân wâren komen, dô wolde der künec hân genomen sîn reht nâch der <u>gewonheit</u>. Er. 1112.

Gewohnheit, Sitte; (Natur-) Gesetz; Recht

grim, grimme

grim, grimme *Sb.*
dâ vâhten mit <u>grimme</u> mit griulîcher stimme wisente und ûrrinder. Iw.409.

Zorn, Wut; Wildheit; Gewalt

Δ **grim, grimme** *Adj. (§ 199.A.1).*
Êrec durch sînen <u>grimmen</u> muot im dehein antwurt enbôt [...]. Er.3221.

grimmig, wütend; schrecklich

Δ **grimme** *Modaladv. (§ 205).*
wie <u>grimme</u> sich dô werten diu ellende kint! Nib. 1932.1.

grimmig; furchtbar; heftig; verzweifelt

gruoz

gruoz *Sb.*
zem wege er dô hin gie, mit schœnem <u>gruoze</u> er in emphie. Er.3624.

Gruß, Begrüßung; Anrede

heim(e), heimen, hein

heim(e) *Sb.*
des kuniges <u>heime</u>. (HWB I, 1217).

Heimat

120 Erster Teil: Grundwortschatz

heim, heimen, hein *Lokaladv.*
urloubes gerte er sâ von dem künege Artûse ze rîten
<u>heim</u> ze hûse in sînes vaters lant. Er.2861.

nach/ zu Hause,
heimwärts

helm

helm *Sb.*
hey waz er tiefer wunden durch die <u>helme</u> sluoc!
Nib.1945.3.

Helm; Krieger

herzeliebe

herzeliebe *Sb.*
sanfte zürnen, sere süenen, deis der minne reht, diu
<u>herzeliebe</u> wil also. Wa.70.5.

Herzensfreude;
herzliche Liebe

hînaht

* **hînaht** *Temporaladv.*
'mir troumte <u>hînaht</u> leide, wie iuch zwei wildiu swîn
jageten über heide [...]'. Nib.921.3.

heute abend/
nacht

hinnen, hinne vgl. hin

* **hinne** *Lokaladv. (hinne < hier inne § 23.4).*
und vunden sî mich <u>hinne</u>, daz kæme uns zungewinne. Iw.1255.

hier (innen)

* **hinnen** *Lokal- und Temporaladv.*
'triutinne mîn, die mit mir sulen rîten <u>hinnen</u> an den
Rîn, den sult ir minneclîche bieten iuwer guot.'
Nib.1171.1.

von hier aus,
von hinnen; von
jetzt an, künftig

iegelich, ieg(e)slich, ieclich vgl. gelîch(e)

* **iegelich, ieg(e)slich, ieclich** *Pron. (§§ 226.b*
und 229.d).
ir <u>iegelîch</u> vuorte ûf der hant vier mûze einen sparwære. Er.1965.

jeder, jede, je-
des

* **iegelich, ieg(e)slich, ieclich** *Art. (§ 226.b).*
uns get zuo der tac, gein dem wol angest haben mac
ein <u>ieglich</u> kristen [...]. Wa.21.25.

jeder, jede, je-
des

ieteslich, ieslich

* **ieteslich, ieslich** *Pron. (§ 226.b).*
haz ir <u>ieslîcher</u> dem anderen truoc. Nib.2278.3.

jeder, jede, je-
des

* **ieteslich, ieslich** *Art. (§ 226.b).*
ouch was diu selbe tarnhût alsô getân daz dar inne
worhte ein <u>ieslîcher</u> man swaz er selbe wolde [...].

jeder, jede, je-
des

Nib.338.1.

iezuo, ietzunt

* **iezuo, ietzunt** *Temporaladv.*
sît daz dû mich doch nemen muost, sô râte ich daz
dûz <u>iezuo</u> tuost. Er.5896.

jetzt gleich, eben; gleich darauf

inneclich, -lîche

inneclich *Adj.*
<u>inneclîchiu</u> stæte (HWB I, 1439).
inneclîche *Modaladv. (§ 205).*
do het er g(e)machet also riche von bluomen eine
bettestat. des wirt gelachet <u>innecliche</u>. Wa.40.1.

innig; andächtig

im/ aus dem Innersten; innig

kiusch(e)

* **kiusche** *Sb.*
waz ist den fröiden ouch gelich, da liebez herze in
triuwen stat, in schœne, in <u>kiusche</u>, in reinen siten?
Wa.92.40.
kiusch *Adj.*
pfaffen solten <u>kiuscher</u> danne leien wesen [...]. Wa.
34.1.

Reinheit, Keuschheit; Sanftmut

keusch, rein, sittsam; unverheiratet

klê

klê *Sb.*
ich saz uf eime grüenen le, da ensprungen bluomen
unde <u>kle</u> zwischen mir und eime se: der ougenweide
ist da niht me. Wa.75.32.

Klee; Wiese

lesen

Δ **lesen**, las, lâren, gelesen *st. Vb. V; zu lâsen: lâren
s. § 93.A.4).*
dô er daz sach unde <u>las</u>, sô sluoc er sich zen brüsten
[...]. Greg.2390. dô er niht mêre mohte gân, dô
muoser von dem orse stân, und <u>las</u> zesamne mit der
hant mies und swaz er lindes vant. Iw.5568.

(vor-) lesen; sagen, berichten; sammeln; sich versammeln; a.B.

liegen, liugen

Δ **liegen** (liugen), louc, lugen, gelogen *st. Vb. IIa;
zu ie > iu s. § 81.*
ir sît an swachem hove erzogen. nû schamet iuch: ir
habet <u>gelogen</u>. Er.4202.

lügen, betrügen; versagen

lieht

lieht *Sb.*
des muge wir an der kerzen sehen ein wârez bilde
geschehen, daz sî zeiner aschen wirt, iemitten daz sî
lieht birt. Heinr.101.

Licht, Glanz;
Erleuchtung

lieht *Adj.*
von ir jâmers grimme sô viel sî dicke in unmaht: der
liehte tac wart ir ein naht. Iw.1324.

hell, strahlend;
bleich; heiter

manen

manen *sw. Vb.*
welt, du ensolt niht umbe daz zürnen, ob ich lones
man. Wa.60.13.

erinnern; ermah-
nen, antreiben

meister

Δ meister *Sb. (§ 179.A.2).*
der aller besten spilman die diu werlt ie gewan und
die meister wâren genant, der was dâ zehant driu tûsent unde mêre [...]. Er.2158.

Lehrer, Magi-
ster, Gelehrter;
Dichter; Mei-
stersänger; a.B.

minnen vgl. minne

* minnen *sw. Vb.*
doch sulent ir in allen deste wirs gevallen die triuwe
und êre minnent [...]. Iw.3175.

lieben; beschen-
ken, sich er-
kenntlich zeigen

naz

naz *Adj.*
ir wât was vor den brüsten der heizen trähen naz.
Nib.1228.5.

naß, durchnäßt

nein, neinâ

nein, neinâ *Satzäqu.*
'herre, nein ich. ich weiz wol, er hât an sich von
riuwen selhe nôt geleit [...]'. Greg.3885.

nein

reden

reden *sw. Vb. (Kontraktion reit § 285.a).*
daz êren er im niht vertruoc: wan redte er wol, sô
redte er baz. hie was zorn âne haz. Iw.7640.

reden, sprechen;
versprechen

ringen

ringen, ranc, rungen, gerungen *st. Vb. IIIa*
[...] vil starke ranc dar nâch ir muot daz er herre

ringen, kämp-
fen; streben;

Häufigkeitsgruppe 9 **123**

wurde dâ. Iw.1786.

Δ ringen *sw. Vb.; vgl. ring(e).*
nu entwâfent er sîn houbet: dô wart ez im geloubet,
daz erz her Îwein wære. geringet wart ir swære
[…]. Iw.4261.

a.B.
erleichtern, ab-
schwächen; be-
sänftigen; ge-
ringschätzen

rise

rise *Sb.*
'herre, dâ hânt mir in benomen zwêne risen, die
vuorten in des gevertes vor mir hin.' Er.5355.

Riese

ritterlich, -lîche

ritterlich *Adj.*
dô si daz heten vernomen, daz dûhte si rîterlich und
guot. Iw.905

ritterlich; statt-
lich, herrlich

ritterlîche *Modaladv. (§ 205).*
dô wart ritterlîche genuoc getjostieret und wol gepu-
nieret […]. Er.2459.

ritterlich; statt-
lich, herrlich

riuwen vgl. riuwe

Δ riuwen, rou, rûwen (riuwen), gerûwen (geriuwen)
st. Vb. IIa (§ 246.A.1); zum Schwund des <w>
s. § 117.
dô gehabt ich hinder, und rou mich daz ich dar was
komen. Iw.412.

betrüben; leid
sein, dauern;
verdrießen; reu-
en

ruofen, rüefen

ruofen, rief, riefen, geruofen *st. Vb.VII ; zu uo:*
üe s. § 254.A.1.
[…] ir kinde si engegen lief. in grôzen unsiten si
rief: 'sich, wie weinstû sus?' Greg.1297.

(aus-) rufen;
schreien

* rüefen *sw. Vb. (RU üe: uo § 262).*
dô daz diu vrouwe rehte ersach, sî ruofte sêre unde
sprach 'er ist zewâre hinne […].' Iw.1365.

(aus-) rufen

sant, sand-

Δ sant, sand- *Sb.*
dannen ging dô Sîfrît zer porten ûf den sant in sîner
tarnkappen […]. Nib.482.1.

Sand; Strand;
Ufer; Kampf-
platz

sige, sic

sige, sic *Sb.*
nû was si ir mannes siges vrô: sîn wunden weinde
si aber dô. Er.5404.

Sieg

124 Erster Teil: Grundwortschatz

sige *Erstglied einer WBK (sigehaft, sigeliet).*

sider

* **sider** *Temporaladv.*
dô bâten si genôte, der künec und ouch sîn wîp. des
muosen <u>sider</u> recken verliesen den lîp vor Rüedegê-
res hende [...]. Nib.2155.1.

danach, später;
seither

sît(e)

Δ **sît(e)** *Sb.*
er vuorte si an sîner <u>sîten</u> hin dâ er den sparwære
sach. Er.683.

Seite; Hüfte;
Flanke; Partei

slaht(e)

* **slaht(e)** *Sb.; zu sl > schl s. § 155.*
ich weiz ir zwên ûz dîner <u>slaht</u>. (HWB II, 961). mir
tuot einer <u>slahte</u> wille sanfte und ist mir doch dar
under we. Wa.113.31.

Tötung;
Schlacht; Her-
kunft; Art; a.B.

* **deheiner slahte** *(G Sgl.) in der Funktion eines
Neg.*
dô besluzzen si daz mit selher gewarheit daz <u>dehei-
ner slahte</u> leit geschæhe dem kinde [...]. Greg.770.

keinerlei

* **aller/maneger slahte** *(G Sgl.) in der Funktion
eines Art. oder eines Adj.*
die vogele <u>maneger slahte</u> swebeten dar inne [...].
Er.7645.

mancherlei

spil

spil *Sb. (N. A. Pl. -ø).*
sô diu katze gevrizzet vil, zehant sô hebet sî ir <u>spil</u>
[...]. Iw.823.
spil *Erstglied einer WBK (spilgenôz, spilman).*

Spiel, Scherz,
Unterhaltung;
Tanz; a.B.

stiege

stiege *Sb.*
dô spranc von einer <u>stiege</u> Gîselhêr ze tal. Nib.
610.3.

Treppe

stolz

Δ **stolz** *Adj.*
'belîbet bî dem wazzer, ir <u>stolzen</u> ritter guot. ich wil
die vergen suochen selbe bî der vluot [...]'. Nib.
1531.1.

übermütig; statt-
lich, herrlich;
hochgestimmt;
stolz

Häufigkeitsgruppe 9 **125**

sûmen

* **sûmen** *sw. Vb.*
'wiltû varen, guot man, sich, dâ <u>sûmestû</u> dich an.'
Greg.3067.

auf-, hinhalten;
versäumen; abhalten; sich verspäten

sünde

sünde *Sb..*
belîbet si bî dem lande, ir <u>sünde</u> und ir schande mac
si sô baz gebüezen. Greg.603.

Sünde

swach(e)

Δ **swach** *Adj.; zu sw > schw s. § 155.*
alsô schœne schein diu maget in <u>swachen</u> kleidern,
sô man saget, daz sî in sô rîcher wât nû vil wol ze
lobe stât. Er.1586.

schlecht, gering;
niedrig, verachtet; kraftlos

Δ **swache** *Modaladv. (§ 205).*
ich wil si ir vriunden wider geben. si ensol niht mê
sô <u>swache</u> leben. Er.4194.

schlecht; armselig

swelch-, swelh- vgl. welch-

* **swelch-, swelh-** *Pron. (§ 224.3); zu swelcher*
und den komplementären Formen in der Funktion
eines Relativums s. § 450.
daz reht daz dâ von wart benant daz was im gevallen, daz er undern megeden allen eine küssen solde
<u>swelhe</u> er wolde. Er.1107.

welch- (auch immer)

* **swelch-, swelh-** *Art.*
ich sage iu, <u>swelh</u> ritter guot her kumt ûf den selben
muot, der suoche wan die porte. Er.8482.

welch- (auch immer)

tiuvel, tievel

tiuvel, tievel *Sb.*
dô begunden sî von zorne toben und got noch den
<u>tiuvel</u> loben. Iw.1271.

Teufel

den tiuvel *Neg.*
HWB II, 1305

nichts

trûwen, triuwen, trouwen

* **trûwen, triuwen, trouwen** *sw. Vb.; zu trûwete:*
trûte s. § 264.A.4; (Schwund des <w> § 117).
wâ wart ie triuwe merre dan vriunt bî vriunde vinden sol, die beide ein ander <u>trûwent</u> wol? Er.4559.

Zuversicht haben, hoffen;
glauben; vermuten; beabsichtigen; a.B.

126 Erster Teil: Grundwortschatz

tump, tumb-

tump, tumb- *Sb.; zu Adj. –> Sb. s. § 394.*
ob uns daz buoch niht liuget, sô was alsô erziuget
der selbe boumgarte, daz es uns mac wundern harte, witzige und tumbe. Er.8698.
tump, tumb- *Adj.*
er tumber gouch vil betrogen! Greg.1307.

**dumm, töricht;
unbesonnen;
unerfahren**

übermüete, übermuot

übermüete, übermuot *Sb.*
waz mac mich daz gewerren? dîn übermuot dich hât
betrogen. Nib.842.1.
Δ **übermüete, übermuot** *Adj.*
der übermüete Hagene den vrouwen dô neic […].
Nib.1549.1.

**Stolz; Hochge-
mutheit**

stolz; übermütig

un-reht(e)

unreht *Sb.*
wand sî mir dô tâten michel unreht unde gewalt, dô
wart mein leit vil manecvalt […]. Iw.4136.
Δ **unreht** *Adj.*
ez ist eht als man dâ seit, daz unrehter hôchmuot
dem manne lîhte schaden tuot. Er.1229.
Δ **unrehte** *Modaladv. (§ 205).*
e do was ir lere bi den werken reine, nu sint si aber
anders so gemeine, daz wirs unrehte würken sehen,
unrehte hœren sagen, die unser guoter lere bilde
solden tragen […]. Wa.34.28.

**Unrecht; Unge-
rechtigkeit**

**unrecht; unge-
recht; ungebühr-
lich; falsch**

**unrecht; unge-
bührlich**

urloup, urloub-

Δ **urloup, urloub-** *Sb.*
vrouwe Ênîte urloup nam […] ze rîten in ellende
von ir lieben muoter. Er.1456.

**Erlaubnis; Ver-
abschiedung;
Abschied**

verdagen

* **verdagen** *sw. Vb.*
'sich ûf, lieber herre, ûf genade verre wil ich dir
durch triuwe sagen, dînen schaden mac ich niht verdagen […].' Er.3182.

**(ver-) schwei-
gen, verhehlen**

verderben

verderben, verdarp, verdurben, verdorben *st. Vb.
IIIb (GW -derben: dürfen § 93).*
vür in wil ich sterben ê ich in sihe verderben, ez

**zu Schaden
kommen, um-
kommen, ster-**

ergê mir swie got welle. Er.3174.

verderben *sw. Vb. (§ 41.A.2.1.).*
nu wie sihe ich mînen walt stân! den habent ir mir verderbet [...]. Iw.716.

ben zu Schaden bringen, zugrunde richten; töten

verkêren vgl. kêren

Δ **verkêren** *sw. Vb. (RU ê: â § 262.A.2).*
daz man im ê sô wol sprach, daz verkêrte sich ze schanden wider die die in erkanden. Er.2985.

umkehren, ändern, verkehren; übel anrechnen; a.B.

versûmen

* **versûmen** *sw. Vb.*
versumde ich disen wünneclichen tac, so wær ich verwazen. Wa.114.37.

versäumen; sich verspäten; vernachlässigen; verpassen; a.B.

verzagen

verzagen *sw. Vb.*
sô gar erbarmete si in, daz im daz herze und der sin vil nâch was dar an verzaget. Heinr.1201.

den Mut/ die Zuversicht/ die Fassung verlieren; verzagen

vest(e)

* **veste** *Sb.*
als dise werden geste gesâzen ûf der veste, nû kurzte in die stunde der wirt sô er beste kunde [...]. Er. 8188.

Festigkeit; Beständigkeit, Sicherheit; Schutz; Burg

vest(e) *Adj. (§ 199.A.1); vgl. Adv. vaste (§ 205).*
ich hôrte ie die liute jehen, ir wæret biderbe unde guot und hetet vesten mannes muot. Heinr.1314.

fest, stark, beständig; gewaltig; tapfer; sicher

volleclich, -lîche

* **volleclich** *Adj.*
ezn wart vordes noch sît volleclîcher hôchzît in dem lande nie mêre. Iw.2439.

vollständig, zur Genüge, völlig

* **volleclîche** *Part.*
ir ietweder wart gewert volleclîchen an der stat, des er got lange bat [...]. Er.4399.

vollständig, vollkommen, reichlich

vorhte

vorhte *Sb.*
do enhâte im got niht verzigen sîner gewonlîchen erbarmekeit und sande im disiu zwei kleit, gedingen unde vorhte [...]. Greg.110.

Furcht, Angst, Schrecken; Besorgnis

128 Erster Teil: Grundwortschatz

vremde

Δ **vremde** *Sb.*
ez wolde unser herre Krist [...], daz er sô gâhes
vunden wart, daz diu <u>vremde</u> von iu zwein wurde
gesamenet in ein. Iw.8062.

Δ **vremde** *Adj. (§ 199.A.1).*
welt ir ein <u>vremde</u> mære hœren, daz wil ich iu sagen. Iw.4528.

Entfernung,
Trennung;
Fremde, Unver-
trautheit
fremd, entfernt;
auffallend; selt-
sam; selten

vrî

vrî *Adj.*
nû ist si <u>vrî</u> als ich dâ bin. Heinr.1497. mir hât diu
unschuldige maget bî dem eide gesaget daz sî wider
ir vrouwen sî aller untriuwen <u>vrî</u> [...]. Iw.5267.

frei; ledig, los;
unkundig; zu-
gänglich; frei
geboren; sorglos

vüegen, vuogen

Δ **vüegen, vuogen** *sw. Vb. (RU üe: uo § 262).*
daz ich iu ê gerâten hân, daz hân ich gar durch guot
getan: und got <u>vüege</u> iu heil und êre [...]. Iw.1989.

fügen; schicken;
machen, gestal-
ten; mildern; ge-
währen; a.B.

vürbaz

* **vürbaz** *Lokal- und Modaladv.*
diu maget lie niht umbe daz si enwolde rîten <u>vürbaz</u>,
den ritter vrâgen mære selben wer er wære. Er.48.

vorwärts, wei-
ter; ferner, noch
mehr

wâfenen, wâfen, wâfenâ

Δ **wâfenen, wâfen** *sw. Vb.*
er was <u>gewâfent</u> und ich blôz, des ez [daz getwerc]
dô benamen genôz. Er.486.
wâfen *Sb.*
Gâwein ahte umb <u>wâfen</u>, Keiî leite sich slâfen ûf
den sal under in [...]. Iw.73.

Δ **wâfen, wâfenâ** *Satzäqu. (§ 435).*
vil lûte schrie er 'wâfen, wir haben uns verslâfen.'
Er.4038.

(be-) waffnen;
rüsten

Waffe, Schwert;
Wappen

ach

werfen

werfen, warf, wurfen, geworfen *st. Vb. IIIb*
daz erzeicten sî wol under in: diu swert <u>wurfen</u> sî
hin unde liefen ein ander an. Iw.7495. sîn unwert
tuot er mir schîn: er <u>wirfet</u> diu ougen abe mir.
Heinr.416.

werfen, schleu-
dern; schießen;
wenden, treiben;
zur Welt bringen

Häufigkeitsgruppe 9   **129**

---

wîsen vgl. wîse

---

wîsen *sw. Vb.*
'herre, hie riten si hin.' mit dem vinger <u>wîste</u> si in die vart dâ er hin gevüeret wart. Er.5365.

> anweisen, belehren; zeigen; führen, lenken

---

wünneclich, -lîche vgl. wünne

---

* **wünneclich** *Adj.*
man gehœret nimer mêre, diu werlt stê kurz ode lanc, sô <u>wünneclîchen</u> vogelsanc [...]. Iw.604.

> wonnevoll, glückselig

* **wünneclîche** *Modaladv. (§ 205).*
[...] sîniu kint sach er dô an: diu wâren gelîche sô rehte <u>wünneclîche</u> gerâten an dem lîbe [...]. Greg. 202.

> wonnevoll, freudespendend, glückselig

---

zücken, zucken

---

zücken, zucken *sw. Vb. (RU ü: u § 262.b); zu ü: u s. § 41.A.6.*
si <u>zuhten</u> zuo den handen diu scharpfen wâfen lanc. Nib.1021.3.

> ziehen; ergreifen; weg-, entreißen; rauben; entrücken; Anspruch erheben

---

zwîvel

Δ **zwîvel** *Sb.*
mir ist ein <u>zwîvel</u> geschehen. ich wil iu rehte bejehen, wie der <u>zwîvel</u> ist getân, den ich nû gewunnen hân. Heinr.1115. [...] daz dâ bî neme war älliu sündigiu diet die der tiuvel verriet ûf den wec der helle [...] daz er den <u>zwîvel</u> lâze der manigen versenket. Greg.56.

> Zweifel; Ungewißheit; Besorgtheit; Mißtrauen; Wankelmut; Untreue; Verzweiflung

Häufigkeitsgruppe 10

92 Leitlemmata mit einer Häufigkeit von 25-23 (= 0.83%) in Ha., von 17-14 in Nib. und von 5 in Wa.; ihnen zugeordnet 120 Lemmata: 41 Vokabelfälle (*) (33%), 34 semantische Fallen (Δ) (28%) und 46 erschließbare Wörter (39%).

---

anderswâ vgl. wâ, swâ

---

* anderswâ *Lokaladv.*
diu welt was gelf, rot unde bla, grüen in dem walde und anderswa. Wa.75.25.

anderswo (-hin)

---

balt, bald-, balde

Δ balt, bald- *Adj.*
'ir edeln ritter balt, ich weiz hie bî nâhen einen brunnen kalt [...].' Nib.969.1.

* balde *Modal- und Temporaladv. (§ 205).*
swaz lebete in dem walde, ez entrünne danne balde, daz was dâ zehant tôt. Iw.663.

* balde *Part.*
dô begunden si balde gâhen von dem walde: vil schône der tac ûf gie. Er.3472.

mutig, tapfer; groß; stark; eifrig

schnell; sogleich, plötzlich

sehr

---

bette

---

bette *Sb.*
die in den betten lâgen und heten wunden nôt, die muosen des vergezzen, wie herte was der tôt. Nib. 269.1.

Bett, Lager; Polster; Bahre

---

betwingen

---

betwingen, betwanc, betwungen, betwungen *st. Vb. IIIa; zu tw > zw s. § 148.*
mîn herze hât betwungen dicke mîne zungen [...]. Greg.1.

überwältigen, besiegen; zähmen; erreichen; bedrängen; a.B.

---

bote

---

bote *Sb.*
ein bote wart gewunnen dar und besande alsô balde ir herren dâ ze walde. Greg.2516. man giht, er sî sîn selbes bote und erlœse sich dâ mite, swer vür des andern schulde bite. Heinr.26.

Bote; (Stell-) Vertreter; Fürsprecher

---

brünne

---

* brünne *Sb.*
der Hâwartes man wart von Hagenen swerte krefteclîchen wunt durch schilt und durch di brünne [...]. Nib.2062.4.

Panzerhemd; Brustharnisch

132 Erster Teil: Grundwortschatz

bruoder

bruoder *Sb. (brüeder § 179.1).*
ez koment iuwer <u>brüeder</u>, die künege alle drî, in
hêrlîchem muote. Nib.1501.

Bruder; Mit-,
Klosterbruder

bûhurt

* **bûhurt** *Sb.*
der <u>bûhurt</u> unt daz schallen, diu wurden beide grôz.
Nib.1872.1.

(Turnier-)
Kampf

burc, burg-

burc, burg- *Sb.*
und dô si nâch der wîle geriten wol vünf mîle, ein
<u>burc</u> si sâhen vor in stân […]. Er.7818.

Burg; Stadt

diep, dieb-

diep, dieb- *Sb.*
ezn wart nie sloz so manicvalt, daz ez vor dir ge-
stüende, <u>diebe</u> meisterinne […]. Wa.55.32.

Dieb; Räuber

eben(e)

Δ **eben** *Adj.*
dâ gienc alumbe ein <u>eben</u> ban und enkunde doch dehein man dar in gân noch gerîten […]. Er.8708.
Δ **ebene** *Modaladv. (§ 205).*
daz ir mich <u>ebene</u> werben leret! wirbe ich nidere,
wirbe ich hohe, ich bin verseret. Wa.46.38.

eben, flach; ge-
rade; gleich;
passend; a.B.
genau, deut-
lich; gleich; ru-
hig; passend

enden

enden *sw. Vb. (ante § 264.A.1).*
hiute ist der ahte tac nâch der sunewenden: dâ sol
daz jârzil <u>enden</u>. Iw.2940.

enden, aufhö-
ren; sich erfül-
len; sterben;
vollenden

erdiezen

* **erdiezen**, erdôz, erduzzen, erdozzen *st. Vb. IIb*
dô klungen sîne seiten daz al daz hûs <u>erdôz</u>. Nib.
1835.1.

erschallen, ertö-
nen; fließen

erlîden

erlîden, erleit, erliten, erliten *st. Vb. Ia (GW d: t
§ 93).*
'gedenke, tohter, liebez kint, wie grôz die arbeite
sint, die ich durch dich <u>erliten</u> hân […]'. Heinr.631.

(er-) leiden,
aushalten; erfah-
ren; überstehen

Häufigkeitsgruppe 10   133

erlouben

erlouben *sw. Vb.*
'<u>Erloubet</u> uns die botschaft, ê daz wir sitzen gên
[…].' Nib.746.1.

aufgeben; Er-
laubnis/ Urlaub
geben; erlauben;
zugestehen

ge-bâren

* **gebâren** *sw. Vb.*
swer ze schuole belîbe unz er dâ vertrîbe ungeriten
zwelf jâr, der müeze iemer vür wâr <u>gebâren</u> nâch
den pfaffen. Greg.1549.

sich verhalten/
gebärden; um-
gehen mit; so
tun als ob; a.B.

ge-leben

* **geleben** *sw. Vb.*
doch müeze ich noch die zit <u>geleben</u>, daz ich si wil-
lic eine vinde, so daz diu huote uns beiden swinde
[…]. Wa.98.22.

am Leben blei-
ben; leben; erle-
ben

ge-loben

Δ **geloben** *sw. Vb.*
du solt aber einez rehte wizzen, daz dich lützel ieman baz danne ich <u>geloben</u> kan. Wa.69.20.

sich zurückzie-
hen; sich bin-
den; preisen;
billigen; a.B.

gelten

gelten, galt, gulten gegolten *st. Vb. IIIb*
daz <u>galt</u> er wol mit guote. Greg.1890.

gelten; be-, zu-
rückzahlen; ver-
gelten; a.B.

ge-machen

* **gemachen** *sw. Vb.*
ich weiz wol daz diu liebe mac ein schœne wip <u>ge-
machen</u> wol. Wa.92.21.

machen, er-
schaffen; errei-
chen; a.B.

geschiht vgl. geschehen

geschiht *Sb.*
disiu jæmerlîche <u>geschiht</u> diu was sîn einez klage
niht; in klageten elliu diu lant […]. Heinr.261.

Sache, Angele-
genheit; Tat; Zu-
fall; Grund; a.B.

ge-var(e)n vgl. varn

* **gevar(e)n**, gevuor, gevuoren, gevarn *st. Vb. VI*
wir wahsen uz gelichem dinge: spise frumet uns,
diu wirt ringe, so si dur den munt <u>gevert</u>. Wa.22.9.

reisen, gehen;
handeln; sich
verhalten; ge-
schehen; a.B.

134 Erster Teil: Grundwortschatz

gouch

* **gouch** *Sb.*
er <u>gouch</u>, swer für diu zwei ein anderz kiese! derst
an rehten witzen blint. Wa.22.31.

**Kuckuck;
Schmarotzer;
Narr, Dumm-
kopf**

hâhen, hân

* **hâhen** (hân), hie(nc), hiengen, gehangen *u. Vb.*
(GW h: g § 93) (ED § 36); zu hâhen: hienc s.
§ 253; zum Schwund des <h> s. § 111.
dâ vor [vor dem palas] was <u>gehangen</u> ein slegetor.
Iw.1079.

**hängen, aufhän-
gen**

halp, halb-

halp, halb- *Zahladj.*
mit <u>halben</u> worten si sprach: 'herre, ich mac wol
riuwec sîn.' Greg.2556.
halp *Erstglied einer WBK (halpswarz).*

halb

hergeselle

hergeselle *Sb.*
wol wart empfangen Gêre von Burgonden lant mit
sînen <u>hergesellen</u> [...]. Nib.745.3.

**(Kriegs-) Ge-
fährte**

hôchgemuot

* **hôchgemuot** *Adj.*
dâ [vür dem palas] wart gedient vrouwen sô helde
<u>hôchgemuote</u> tuont. Nib.602.7.

**edel, großmütig;
hochgestimmt,
freudig; stolz**

hôchzît, hôchgezît

Δ **hôchzît, hôchgezît** *Sb.*
si sint in allen tugenden sô rehte hôchgemuot. si la-
dent iuch ze Rîne zeiner <u>hôchgezît</u>. Nib.750.3.

**Fest; Herrlich-
keit; Freude;
Hochzeit**

hort

hort *Sb.*
dar nâch vil unlange dô truogen si daz an, daz diu
vrouwe Kriemhilt den grôzen <u>hort</u> gewan von Nibe-
lunges lande [...]. Nib.1116.1.

**Schatz, Hort;
Fülle**

hovelich, -lîche

Δ **hovelich** *Adj.*
owe, <u>hovelichez</u> singen, daz dich ungefüege dœne
solten ie ze hove verdringen! Wa.64.31.

höfisch; gebildet

Häufigkeitsgruppe 10 135

Δ hovelîche *Modaladv. (§ 205).*
swa ein edeliu schœne frouwe [...] dur kurzewile
zuo vil liuten gat; <u>hovelichen</u> hochgemuot [...]. Wa.
46.10.

hofgemäß, hö-
fisch; edel

---

jeger(e)

jeger(e) *Sb.*
dô sprach ein Sîfrîdes <u>jägere</u>: 'herre, ich hân vernomen von eines hornes duzze daz wir nu suln komen
zuo den herbergen.' Nib.945.1.

Jäger

---

joch

* joch *Modaladv.*
swaz <u>joch</u> der maget tohte, daz wart vil schiere bereit [...]. Heinr.1020.

auch, außerdem;
sogar

* joch *Satzäqu.; zu joch als Part. mit illokutiver*
Funktion s. unten S. 149.

fürwahr

* joch *Konj.*
daz si endrunken <u>joch</u> enâzin. (HWB I, 1481).

und (auch), so-
wie; (weder)...
noch

---

jugent, jugend-

jugent, jugend- *Sb.*
nû habent ir schœnheit unde <u>jugent</u>, geburt rîcheit
unde tugent und muget einen alsô biderben man wol
gewinnen [...]. Iw.1925.

Jugend; junge
Leute

---

kampf

kampf *Sb.; zu <ph, pf> s. § 20.*
wan diu selbe stimme wîst in durch michel waltgevelle hin dâ er an einer blœze ersach wâ ein grimmer
<u>kampf</u> geschach [...]. Iw.3835.

(Einzel-, Zwei-,
Gerichts-)
Kampf

---

kristen

kristen *Sb.*
nu wachet! uns get zuo der tac, gein dem wol angest
haben mac ein ieglich <u>kristen</u>, juden und heiden.
Wa.21.25.

Christ; Chri-
stenheit, Chri-
stentum

---

kûme

kûme *Modaladv.*
mit der tjost er im sluoc den schilt an daz houbet. dâ
von wart er betoubet daz er <u>kûme</u> gesaz. vil selten
geschach im daz. Er.769.

mit Mühe, be-
schwerlich

136 Erster Teil: Grundwortschatz

---

kûme *Part.*
'vrouwe, wie gehabet ir iuch sô?' vil kûme gant-
wurte si dô [...]. Greg.2553.

Δ kûme *Neg.*
der liehte tac wart getân daz ich die linden kûme gesach. Iw.645.

kaum, wenig,
schwerlich

(gar) nicht

---

laden

laden, luot, luoden, geladen *st. Vb. VI*
diu eine vreuden krône truoc, diu ander hâte leides
genuoc geladen mit herzensêre [...]. Er.9690.
laden *sw. Vb.*
si sint in allen tugenden sô rehte hôchgemuot. si la-
dent iuch ze Rîne zeiner hôchgezît. Nib.750.3.

(auf-, be-) la-
den; belasten

(ein-) laden;
auffordern

---

leisten

leisten *sw. Vb.*
und wizzet rehte âne wân, ich leiste als ich gelobet
hân. Er.586.

befolgen, aus-
führen, tun; ei-
nen Hoftag be-
suchen

---

marke, marc

marke, marc *Sb.*
'dirre marc herre der ist Else genant.' Nib.1545.5.

meist(e)

Grenze, Grenz-
land; Landesteil;
Bezirk; Mark;
halbes Pfund

Δ meist *Adj. (Sup. zu michel) (suppletive Bildung
[§ 204]).*
ich weiz wol daz er selbe giht, swer grôzen dienest
leiste, des lôn sî ouch der meiste. Heinr.1162.

Δ meiste *Modal- und Temporaladv. (§ 211).*
doch ringet dar nâch allen tac manec man sô er meiste mac. Iw.2775.

Δ meiste *Part.*
mit dirre rede si kâmen dâ si messe vernâmen von
dem heiligen geiste: des phlegent si aller meiste die
ze ritterschefte sinnent und turnieren minnent. Er.
662.

größt-

am meisten,
höchstens; meis-
tens
ganz besonders

---

mêren

mêren *sw. Vb.*
'herre, ir habet got vil verre an mir armen gêret und
iuwer heil gemêret [...].' Greg.1479.

vergrößern, ver-
mehren; größer
werden/ sein

mœre

* mœre *Sb.*
si hete noch des goldes von Nibelunge lant [...] daz
ez wol hundert <u>mœre</u> ninder kunden tragen. Nib.
1271.1.

(Last-, Reise-)
Pferd

ougenweide

ougenweide *Sb.*
ich saz uf eime grüenen le, da ensprungen bluomen
unde kle zwischen mir und eime se: der <u>ougenweide</u>
ist da niht me. Wa.75.32.

**Augenweide,
Anblick**

ring(e) vgl. ringen

Δ ring(e) *Adj. (§ 199.A.1).*
harte <u>ringe</u> ist mîn kraft: doch gibe ich in ritterschaft
ze eteslîcher mâze. Er.6884.

leicht, sorglos;
schnell; bequem;
gering

Δ ringe *Modaladv. (§ 205).*
dâ dicke ein man grôzen schaden nimet an, daz verkêret sich vil <u>ringe</u> ze lieberme dinge [...]. Er.6254.

leicht gering,
schnell

Δ ringe *Neg.*
si bat in mit gebærden gnuoc; daz er doch harte <u>rin-
ge</u> truoc. Iw.3819.

wenig, nicht

schal

Δ schal *Sb.*
[...] nû vant er an dem wege von den liuten grôzen
<u>schal</u>. Er.231.

Schall; Getüm-
mel; Geschrei;
Gelächter; a.B.

schapel, schappel

* schapel, schappel *Sb.*
owe, daz mir so maneger missebieten sol, daz klage
ich hiute und iemer rehter hövescheit. ir ist doch lützel den ir <u>schapel</u> ste so wol [...]. Wa.185.31.

(Blumen-)
Kranz; (Haar-)
Reif

schelten

schelten, schalt, schulten, gescholten *st. Vb. IIIb;
zu lt > ld s. §146.*
[...] in <u>schalt</u> diu werlt gar. Er.2988.

schelten,
schmähen; an-
fechten; be-
kämpfen

schenken

Δ schenken *sw. Vb. (RU e: a § 262).*
man hiez den gesten <u>schenken</u> und schuof in ir gemach. Nib.408.1.

einschenken;
tränken; geben

138 Erster Teil: Grundwortschatz

sedel

* sedel *Sb.*
der herre stuont von <u>sedele</u>. daz was durch grôze
zuht getân. Nib.1185.7.

Sessel; Sattel;
(Land-, Wohn-)
Sitz

sicherlich, -lîche

Δ sicherlich *Adj.*
ich <u>gibe</u> iu mîne triuwe und <u>sicherlîche hant</u>, daz ich
mit iu rîte heim in iuwer lant. Nib.2340.1.

sicherliche hant
geben ('zu-
sichern')

Δ sicherlîche *Modaladv. (§ 205).*
daz wizzet <u>sicherlîchen</u>, si soldenz wol bewarn.
Nib.445.1.

unbesorgt, si-
cher; gewiß;
wahrhaftig

sîde

sîde *Sb.*
von golde und von <u>sîden</u> würken wir die besten wât
[...]. Iw.6386.

Seide; Seiden-
stoff; Seidenge-
wand

spil(e)n

spil(e)n *sw. Vb.*
der keiser wurde ir spileman umb also wünnecliche
gebe. da keiser <u>spil</u>! nein, herre keiser, anderswa!
Wa.63.6.

spielen, scher-
zen, fröhlich
sein; hüpfen;
musizieren; a.B.

stôzen

Δ stôzen, stiez, stiezen, gestôzen *st. Vb. VII*
dazs ir ruschen nienen lat, und füere als ein bescheiden wip! si <u>stozet</u> sich, daz ez mir an min herze gat.
Wa.58.9.

stoßen, wegtrei-
ben; sich bewe-
gen; schieben;
a.B.

strâze

strâze *Sb.*
sô ist der sælden <u>strâze</u> in eteslîcher mâze beide rûch
und enge. Greg.87.

Straße; Bahn;
Streifen

sunder

* sunder *Sb.*
im wart vil harte drâte ein heimlîch kemenâte ze sîner <u>sunder</u> gereit [...]. Iw.5605.

Alleinsein

* sunder *Adj.*
ez gerten ir sinne anderre minne, dar nâch si gemâ-
zet sint, danne dâ ein <u>sunder</u> kint sich nâch sîner
muoter sent [...]. Er.1876.

abgesondert, al-
lein, einsam; be-
sonder-; aus-
schließlich

Häufigkeitsgruppe 10 **139**

* **sunder** *Modaladv.; (gelegentlich in Verbindung mit einer Präp. [von...sunder]).*
dâ mit hete si in verlorn, sô daz er ir durch den zorn ze gesselleschefte niht phlac, wan er <u>sunder</u> âz und lac. Er.3968.

gesondert, abseits; insbesonders, vornehmlich

* **sunder** *Präp. A, (G, D)*
wir velschen beide ritters muot dâ mit und wir ie mitten tuon: ez ist <u>sunder</u> prîs und âne ruom. Er. 899.

außer, ohne

* **sunder** *Konj.*
HWB II, 1305.

außer, gleichwohl, indessen, aber, sondern

---

suone

* **suone** *Sb.*
'jâ næme ich ê die <u>suone</u>', sprach aber Hagene, 'ê ich sô lasterlîche ûz einem gademe flühe, meister Hildebrant [...].' Nib.2343.1.

Urteil; Gericht; Sühne; Frieden; Ruhe

---

swannen

* **swannen** *Lokaladv.; zu swannen in der Funktion eines Relativums s. § 450, in der Funktion eines Interrogativums s. § 457.*
von <u>swannen</u> si dir zuo sîn komen, dû bist, daz merke ich wol dar an, des muotes niht ein klôsterman. Geg.1634.

woher (auch immer)

---

swint, swind-

* **swint, swind-** *Adj.*
mit <u>swinden</u> slegen grimme der schœnen Uoten kint enpfie Wolfharten [...]. Nib.2295.1.

gewaltig, stark; heftig; geschwind; böse

---

tal

tal *Sb.*
daz selbe <u>tal</u> was alsô tief, swer ûf die zinnen sitzen gie und er ze tal diu ougen lie, den dûhte daz gevelle sam er sæhe in die helle [...]. Er.7877.

Tal

Δ **ze tal** *Lokaladv.*
dô spranc von einer stiege Gîselhêr <u>ze tal</u>. Nib. 610.3.

hinab, nieder; flußabwärts

---

toben

Δ **toben** *sw. Vb.*
ich wil iu ze redenne gunnen (sprechet swaz ir welt), obe ich nicht <u>tobe</u>. Wa.86.7.

unsinnig reden; rasen; verlangen

140 Erster Teil: Grundwortschatz

tougenlich, -lîche

* **tougenlich** *Adj.*
si sprach: 'mit kleinen sîden næ ich ûf sîn gewant
ein tougenlîchez kriuze [...].' Nib.904.1.

verborgen, ge-
heim, heimlich

* **tougenlîche** *Modaladv. (§ 205).*
er hiez in tougenlîchen legen an die tür, daz si in dâ
solde vinden [...]. Nib.1004.1.

verborgen, ge-
heim, heimlich

trîben

trîben, treip , triben, getriben *st. Vb. Ia*
daz treip er unz ûf die stunde daz er wesen kunde
ritter [...]. Greg.1985.

treiben, wenden;
betreiben; tun

triegen

* **triegen,** trouc, trugen, getrogen *st. Vb. IIa; zu triegen > trügen s. § 48.A.1.*
jâ wând ich vreude ân ungemach unangestlîchen iemer hân: seht, dô trouc mich mîn wân. Iw.690.

(be-) trügen

triuten, trûten

* **triuten, trûten** *sw. Vb. (RU iu: û § 262); zu iu: û
s. § 41.A.7.*
er umbevie mit armen daz tugentrîche wîp. mit
minneclîchem küssen trût' er ir schœnen lîp. Nib.
925.1.

liebhaben, lie-
ben; liebkosen

trœsten, trôsten vgl. trôst

Δ **trœsten** *sw. Vb. (RU œ: ô § 262).*
deiswâr ich wil iuch trœsten wol, wan ichz ouch
bewaren sol. Iw.4339.

trösten; erhei-
tern; sich verlas-
sen; zusichern

trût

* **trût** *Sb.; zu Adj. –> Sb. s. § 394.*
'wil du mir helfen, edel Sîvrît, werben die minnnec-
lîchen? tuostu des ich dich bit, und wirt mir z'eime
trûte daz minneclîche wîp, ich wil durch dînen willen wagen êre unde lîp.' Nib.332.1.

Liebling; Ge-
liebter; Geliebte

* **trût** *Adj.*
er was im inneclîchen trût. (HWB II, 1550).

traut, lieb

twellen, tweln

* **twellen, tweln** *sw. Vb.*
nu entwellen sî niht langer dâ: wan in was diu

(ver-) zögern;
warten; plagen;

Häufigkeitsgruppe 10 141

kampfzît alsô nâ [...]. Iw.6877.

übermüete

Δ **übermüete** *Sb.*
von grôzer übermüete muget ir hœren sagen, und
von eislîcher râche. Nib.1003.1.

* **übermüete** *Adj.*
dô wolde er baz erzürnen den übermüeten gast: er
sluoc im eine schalten [...] Hagenen über daz houbet. Nib.1561.1.

**sich aufhalten,
verweilen**

**Stolz, Übermut;
Hochgestimmt-
heit**

stolz, übermütig

understân, understên vgl. stân, bestân

* **understân** (understên), understuont, understuon-
den, understanden *u. Vb. (Wurzelverb § 281).*
swie michel wær ir jâmer und swie starc ir nôt, dô
vorhte si harte der Nibelunge tôt von ir bruoder
mannen, daz si ez understuont. Nib.1030.1.

**an-, aufhalten;
erreichen; unter-
nehmen; verhin-
dern**

un-gelücke

ungelücke *Sb.*
ungelücke mir verkeret, daz ein sælic man volenden
mac. Wa.92.3.

Unglück

un-lanc, un-lang-, un-lange

* **unlanc, unlang-** *Adj.; vgl. Adv. unlange(n)
(§ 207.c).*
als schiere und er diu mære vernam wer er wære,
sîn sitzen wart vil unlanc [...]. Er.4542.

* **unlange(n)** *Temporaladv.*
ouch half sî unlange ir list: diu vorhte und die sorgen [...], die gesigeten ir vreuden an. Iw.4422.

kurz; mangelhaft

**kurze Zeit, für
kurze Zeit**

ûzen, ûze

ûzen, ûze *Lokaladv.*
diu Welt ist uzen schœne wiz, grüen unde rot [...].
Wa.124.39.

**außen, außer-
halb; hinaus**

valsch

Δ **valsch** *Sb.; zu Adj. –> Sb. s. § 394.*
mit zorne si zesamene riten, dâ von der ungetriuwe
man sînes valsches lôn gewan [...]. Er.4207.
valsch *Adj.*
ouch hete er niht sô valschen muot, sî enhetenz har-

**Treulosigkeit;
Betrug**

**treulos; unwahr-
haft; unecht;**

142   Erster Teil: Grundwortschatz

te wol bewant. Heinr.1440.   **trügerisch**

vaz

Δ **vaz** *Sb. (N. A. Pl. -ø).*   **Faß; Gefäß;**
diu state enmohte in niht geschehen daz si hæten be-   **Schrein**
sehen waz in dem vazze wære. Greg.967.

vergeben

Δ **vergeben**, vergap, vergâben, vergeben *st. Vb. V*   **hingeben,**
si kan mir verseren herze und den muot. nu verge-   **schenken; verlo-**
bez ir got dazs an mir missetuot! Wa.57.19.   **ben; unterlassen;**
                                vergeben

verleiten

verleiten *sw. Vb.*   **irreführen, ver-**
sîn zorn in verleite ze grôzer tôrheite [...]. Er.6518.   **leiten**

vischære

vischære *Sb.; zu -ære s. § 59.2.*   **Fischer**
der arme vischære niht enliez er entæte als in sîn
herre hiez. Greg.1107.

vliezen

Δ **vliezen**, vlôz, vluzzen, gevlozzen *st. Vb. IIb*   **fließen, strö-**
ich horte ein wazzer diezen und sach die vische vlie-   **men; voll sein;**
zen [...]. Wa.8.28. ein wazzer drunder hin vlôz,   **schwimmen**
des val gap michelen dôz [...]. Er.7874.

vluot

vluot *Sb.*   **(Wasser-) Flut;**
'Belîbet bî dem wazzer, ir stolzen ritter guot. ich wil   **Menge**
die vergen suochen selbe bî der fluot [...]'. Nib.
1531.1.

vrœlich, -lîche

vrœlich *Adj.*   **froh, fröhlich,**
der tac ist vrœlich unde clâr, diu naht trüebe unde   **heiter**
swâr, wand sî diu herze trüebet. Iw.7385.
vrœlîche *Modaladv.*   **froh, fröhlich,**
als diu brûtlouft nam ende, nû schiet mit rîcher hen-   **heiter**
de vil vrœlîchen von dan manec wol sprechender
spilman. Er.2196.

Häufigkeitsgruppe 10 **143**

wange

wange *Sb.*
sî underkusten tûsentstunt ougen <u>wangen</u> unde munt. Iw.7503.

Wange, Backe

weise

weise *Sb.*
mir ist verspart der sælden tor, da sten ich als ein <u>weise</u> vor [...]. Wa.20.31.

Waise; Solitär (der deutschen Königskrone)

Δ weise *Adj.*
vrouwe Ênîte wart dô beide trûric und unvrô: wan si sach die vreise, daz si vorhte werden <u>weise</u> des aller liebisten man [...]. Er.3134.

verwaist; beraubt

weizgot

weizgot *Satzäqu.*
<u>weiz got</u> [,] er lat ouch dem meien den strit: so lise ich bluomen da rife nu lit. Wa.36.9.

fürwahr

wênec, -ic, wêneg-, -ig-

wênec, -ic *Sb. (indekl. Sb. mit G [§ 394]); zu -ec, -ic s. § 59.3.*
muget ir <u>wêniger</u> mir gesagen, wes hânt ir die maget geslagen? Er.76.

(das) Wenig; Elend

Δ wênec, -ic, wêneg-, -ig- *Adj.*
si zugen dar zuo sô nâhen daz si dar inne sâhen ligen daz <u>wênige</u> vaz. Er.959.

klein, gering; unglücklich; erbarmenswert

(ein) wênec *Part.*
<u>ein wênic</u> vreute er sich doch von einem trôste dannoch. Heinr.163.

wenig, kaum

Δ (ein) wênec *Neg.*
<u>wênec</u> wart ez in gewert. (HWB III, 762).

nicht

werc

werc *Sb. (N. A. Pl. -∅).*
'welt ir nâch im senden, diu wort mit <u>werken</u> enden der ich zem eide niht enbir, sô sprechet, vrouwe, nâch mir.' Iw.7919.

Werk, Tat, Handlung; Wirkung; Geschäft; a.B.

willeclich, -lîche

* willeclich *Adj.*
dô emphiengen in die Swâbe mit lobelîcher gâbe; daz was ir <u>willeclîcher</u> gruoz. Heinr.1419.

(gut-, dienst-) willig; geneigt; eifrig

144 Erster Teil: Grundwortschatz

* **willeclîche** *Modaladv. (§ 205).*
mîn dienst ich iu enbôt mit triuwen <u>willeclîchen</u> ze
Wormez über Rîn. Nib.1809.4.

(bereit-, frei-, gut-) willig; gern

wint

wint *Sb.*
ein starker <u>wint</u> dô wæte: der beleip in stæte und
wurden in vil kurzen tagen von einem sturmweter
geslagen ûf sîner muoter lant. Greg.1837.

Wind; Luft; Geruch; Blähung; (das) Nichts

wundern

wundern *sw. Vb.*
es <u>wundert</u> mîne sinne, wer iu geriete disen wân
[…]. Iw.2344.

sich wundern ; wissen wollen; Wunder (be-) wirken

wünne, wunne vgl. wünneclich

* **wünne, wunne** *Sb.; zu u > o s. § 50.*
nû huop sich michel <u>wünne</u> ûf dem hûs ze Karadigân. Er.1797.

Wonne, Freude, Lust; Herrlichkeit; Augenweide

wunsch

Δ **wunsch** *Sb.*
dû bist ein sælic jungelinc: ze <u>wunsche</u> stân dir dîniu dinc, dîn begin ist harte guot […]. Greg.1457.

Wunsch, Begehren; Vollkommenheit; Heil; Ideal; a.B.

zellen, zeln

Δ **zellen, zeln** *sw. Vb. (RU e: a § 262).*
er vuorte si heim ze Karnant unde gap dô sîn lant in
ir beider gewalt, daz er ze künege wære <u>gezalt</u> und
daz sî wære künegîn. Er.2918.

zählen, (be-) rechnen; betrachten; zuschreiben; erzählen; a.B.

zil

Δ **zil** *Sb.*
ez ist mir kumen ûf daz <u>zil</u>, des ich got iemer loben
wil […]. Heinr.607. hiute ist mînes kumbers <u>zil</u>: nû
var ich ûz und swar ich wil. Er.9588.

Ziel; Bestimmung; Zweck; Zeitpunkt; Frist; Termin

Δ **zil** *zusammen mit einer Präp. häufig in der Funktion einer Adv.best. (âne/sunder zil 'unaufhörlich').*

Zweiter Teil:
Hinweise zur mhd. Grammatik

I. Zur Lautentwicklung des Mhd. zum Nhd.: Regeln der Rekonstruktion mhd. Zeichenformen

Die Kenntnis der Lautentwicklung vom Mhd. zum Nhd. kann dazu beitragen, auf den ersten Blick vielleicht unbekannte mhd. Wörter ihrer Ausdrucksseite nach zu Wörtern des heutigen Deutsch in Beziehung zu bringen, mit anderen Worten, die Ausdrucksseite mhd. Wörter vom heutigen Deutsch aus wenigstens in den Grundzügen zu rekonstruieren.

Die wichtigsten Regeln der Rekonstruktion der Ausdrucksseite mhd. Wörter vom heutigen Deutsch aus lassen sich aus den folgenden, z.T. bei Paul 1998: § 13 aufgelisteten lautgeschichtlichen Prozessen in mhd. und frühnhd. Zeit ableiten.

Die Entwicklung der <u>Vokale</u> vom Mhd. zum Nhd. wurde beeinflußt vor allem durch:

- die 'nhd.' Diphthongierung der mhd. Monophthonge /î, iu, û/ zu /ei, äu, au/ (mhd. mîn niuwez hûs –> nhd. mein neues Haus) (Paul 1998: § 42);
- die 'nhd.' oder 'md.' Monophthongierung der mhd. Diphthonge /ie, üe, uo/ zu /i:, ü:, u:/ (mhd. lieber müeder bruoder –> nhd. lieber müder Bruder) (Paul 1998: § 43);
- die Dehnungen mhd. kurzer Vokale in offener Tonsilbe (mhd. gëben –> nhd. geben) (Paul 1998: §§ 45-46);
- die Kürzungen langer Vokale vor bestimmten Konsonantengruppen (mhd. brâhte –> nhd. brachte) (Paul 1998: § 47);
- die Senkung von /ü, u/ zu /ö, o/ (mhd. sunne –> nhd. Sonne) (Paul 1998: § 50);
- die Rundungen bestimmter Vokale in der Nachbarschaft bestimmter Konsonanten (mhd. helle –> nhd. Hölle) (Paul 1998: § 48);
- die Öffnung alter geschlossener Diphthonge ('nhd. Diphthongwandel') (/ei, öu, ou/ zu /ai, äu, au/) (mhd. boum –> nhd. Baum) (Paul 1998: § 44);
- das Auftreten des Sproßvokal /ə/ vor /r/ oder /re/ und nach /î, iu, û/ (mhd. mûre –> nhd. Mauer) (Paul 1998: § 123) und schließlich
- die Tilgung des nebentonigen /ə/ (Synkope und Apokope) im Nhd. (mhd. abbet –> nhd. Abt, mhd. gelücke –> nhd. Glück) (Paul 1998: § 56).

146 Zweiter Teil: Hinweise zur mhd. Grammatik

Die Entwicklung der <u>Konsonanten</u> wurde beeinflußt vor allem durch:

- Ausspracheänderungen des /s/ vor /p, t/ im Anlaut zum Zischlaut /sch/ (nhd. Stein) (Paul 1998: § 155);
- Aussprache- und Schreibänderungen des /s/ vor /l, m, n, w/ im Anlaut zum Zischlaut /sch/ (mhd. slange –> nhd. Schlange); gelegentlich auch für /s/ nach /r/ (mhd. bars –> nhd. Barsch) (Paul 1998: § 155);
- den Schwund des /w/ zwischen nhd. /au, äu, eu/ und /e/ (mhd. frouwe –> nhd. Frau) (Paul 1998: §117);
- die Veränderung des inlautenden /w/ zu /b/ nach /l, r/ (mhd. swalwe –> nhd. Schwalbe) (Paul 1998: § 130);
- das Verstummen oder der Schwund des /h/ silbenanlautend im Wortinnern, besonders nach /r, l/ (mhd. bevelhen –> nhd. befehlen) (Paul 1998: §§ 111 und 142);
- die Aussprache- und Schreibänderung der Verbindung /hs/ zu nhd. /ks/ (mhd. vuhs –> nhd. Fuchs) (Paul 1998: § 140);
- der Wechsel von anlautendem /t/ zu /d/ (mhd. tunkel–> nhd. dunkel) und umgekehrt von /d/ zu /t/ (mhd. dôn –> nhd. Ton) (Paul 1998: §§ 143-148);
- die Assimilation von /mb/ zu /mm/ (mhd. kumber –> nhd. Kummer) (Paul 1998: § 130);
- das Auftreten von Sproßkonsonanten (meist /t/ oder /d/) am Wort- und Silbenauslaut (mhd. nieman, eigenlich –> nhd. niemand, eigentlich) (Paul 1998: §§ 113 und 149) und schließlich
- die Veränderung von /tw/ zu /zw/ (mhd. twingen –> nhd. zwingen) (Paul 1998: § 148).

Hinweise auf Lautentwicklungen vom Mhd. zum Nhd. finden sich z.T. auch als Informationen zu den einzelnen Lemmata in den Häufigkeitsgruppen.

II. Wortklassen:
Zur Wortklassifikation sowie zu einzelnen im GWS verwendeten Wortklassen

Die im GWS verwendeten Wortklassen entsprechen im wesentlichen den Wortklassen, die von Helbig/Buscha 1991 vorgeschlagen werden. Helbig/Buscha gehen dabei - in Abweichung von Paul 1998 und einschlägigen Grammatiken des heutigen Deutsch, die in ihrer Wortklassifikation sich an anderen Kriterien orientieren - hauptsächlich von syntaktischen Kriterien (Helbig/Buscha 1991: 19) aus. So ist eines der zentralen Kriterien für die Klassifizierung eines Wortes das Kriterium der Einsetzbarkeit eines Wortes in einen bestimmten Substitutionsrahmen:

Hinweise zur mhd. Grammatik: I. - IX. 147

(1) .... arbeitet fleißig. (–> Substantivwort [Er, Der Lehrer]).
(2) Der .... arbeitet fleißig. (–> Substantiv [Der Lehrer]).
(3) .... Lehrer arbeiten fleißig. (–> Artikelwort [Die, Meine]).
(4) Der Lehrer .... fleißig. (–> Verb [arbeitet, ist]).
(5) Er wünscht sich einen .... Arbeiter. (–> Adjektiv [fleißigen]).

Substitutionsrahmen legen die Distribution von Wörtern fest und bestimmen so die Wortklassen, zu denen sie gehören. Wörter, die in die Leerstelle des Rahmens eingesetzt werden können (d.h. einander substituieren können), ohne daß der Satz dadurch seine grammatische Korrektheit verliert, gehören derselben Wortklasse an. Neben der Substituierbarkeit in einen bestimmten Satzrahmen sind bei einzelnen Wortklassen noch andere syntaktische und/oder semantische Kriterien heranzuziehen (s. dazu Helbig/Buscha 1991: 20).

Die Orientierung des GWS an der von Helbig/Buscha 1991 verwendeten Wortklassifikation hat zu Abweichungen von den Wortklassen in Paul 1998 geführt. Sie betreffen die folgenden im GWS verwendeten Wortklassen: die Wortklasse der Pronomina, der Artikelwörter, der Adverbien, Modalwörter und Partikeln (in Abgrenzung von der herkömmlichen Wortklasse der Adverbien), der Negationswörter sowie der Satzäquivalente.

1. Die Wortklasse der Pronomina

Substantive und substantivische Pronomina weisen Distributionseigenschaften auf, auf Grund derer sie als Substantivwörter klassifiziert werden können (Helbig/Buscha 1991:229). Substantive und substantivische Pronomina bilden demnach nicht eigene Wortklassen, sondern werden der Wortklasse der Substantivwörter zugeordnet.

Im GWS wird zwar die herkömmliche Wortklasse der Substantive nicht aufgegeben, in Anlehnung an den Klassifikationsvorschlag von Helbig/Buscha werden aber abweichend von Paul 1998 nur die Wörter als Pronomina klassifiziert, die neben den Substantiven (2) als Subklasse der Substantivwörter (1) anzusehen sind: die Personalpronomina (Paul 1998: §§ 213 und 214) sowie die Pronomina, soweit sie in der Funktion von Substantivwörtern (Helbig/Buscha 1991: 229) auftreten, d.h. substantivisch gebraucht werden. Pronomina, die nicht in der Funktion von Substantivwörtern auftreten, werden als Artikelwörter (3) klassifiziert.

2. Die Wortklasse der Artikelwörter

Neben dem bestimmten Artikel der/daz/diu (§ 217) und dem unbestimmten Artikel ein (einer)/einez/einiu (§ 217) werden aus der herkömmlichen Klasse der Pronomina die Pronomina den Artikelwörtern zugeordnet, welche die Distributionseigenschaften von Artikelwörtern

148   Zweiter Teil: Hinweise zur mhd. Grammatik

aufweisen, also als Artikelwörter im syntaktischen Sinne auftreten (3).
Die folgenden Pronomina können die Distributionseigenschaften von
Artikeln aufweisen und werden deshalb, ungeachtet ihrer sonstigen semantischen Eigenschaften, als Artikelwörter klassifiziert:
Possessivpronomina (§ 216), Demonstrativpronomina (§§ 217 - 221)
sowie einige der Indefinitpronomina (§§ 225 - 233) wie z.B. manec,
dehein ('irgendein-', 'kein-'), ieteslich ('jeder') oder iegelich ('jeder').

3. Die Wortklassen der Adverbien, Partikeln und Modalwörter

Herkömmliche Wortklassifikationen (so auch Paul 1998) gehen von
einer einheitlichen Wortklasse 'Adverb' aus, wie sie sich aus dem folgenden Substitutionsrahmen ergeben könnte:

(6) Er hat   fleißig   gearbeitet.
(7) Er hat   wahrscheinlich   gearbeitet.
(8) Er hat   viel   gearbeitet.

In denselben Substitutionsrahmen wäre auch das 'Flickwort' mal ein-
setzbar:

(9) Er hat   mal   gearbeitet.

Es ist aber offensichtlich, daß die 'Adverbien' *fleißig, wahrscheinlich,
viel* und (mit Einschränkungen) auch *mal* semantische und syntaktische
Unterschiede aufweisen, welche die Zuordnung dieser Wörter nicht zu
einer Wortklasse, sondern zu verschiedenen Wortklassen nahelegen. In
Anlehnung an Helbig/Buscha 1991 werden Partikeln und Modalwörter
aus der herkömmlichen Klasse der Adverbien ausgegliedert und diesen
sowie den sogen. Satzäquivalenten (s. unten) gegenübergestellt. Partikeln, Modalwörter und Satzäquivalente bilden nunmehr neben Adverbien eigene Wortklassen.

Adverbien
Adverbien sind selbständige Satzglieder. Sie gehören der propositionalen Ebene des Satzes an und charakterisieren Merkmale des in der Satzproposition abgebildeten Sachverhaltes, geben also Antwort auf die
Fragen nach dem Wann, Wo, Wie (6) oder Warum von Sachverhalten.

Partikeln
Partikeln im Sinne einer syntaktischen Wortklasse „sind keine selb-
ständigen Satzglieder. Das unterscheidet sie sowohl von den Adverbien
[...], die Satzglieder sind, als auch von den Modalwörtern [...], die
mehr als Satzglieder sind, weil sie in der zugrunde liegenden Struktur
latente Sätze darstellen, und von den Interjektionen sowie anderen
Satzäquivalenten." (Helbig/Buscha 1991: 475).
Unter semantischem und kommunikativem Aspekt wird zwischen de-

Hinweise zur mhd. Grammatik: I. - IX. 149

notativen Partikeln und illokutiven Partikeln unterschieden.

Denotative Partikeln

Denotative Partikeln weisen gegenüber illokutiven Partikeln eine Dominanz semantischer Eigenschaften auf. Sie sind also Wörter, die (wie in [8] und den folgenden mhd. Beispielen) ihr Bezugswort „näher bestimmen, erläutern, spezifizieren oder graduieren" können (Helbig/Buscha 1991: 476):

- allez: in begreif ein selch riuwe daz er sîn selbes vergaz und <u>allez</u> swîgende saz. Iw.3090 (Bezugswort Verb);
- kûme: nû reit er dâ ze stunde ein wênige wîle, <u>kûme</u> eine mîle. Er.5293. Bezugswort: Substantiv);
- sêre: sî lâgen hie beide <u>sêre</u> wunt. Iw.5957. Bezugswort: Adjektiv).

Illokutive Partikeln

Während die Leistung der denotativen Partikeln also eher auf der propositionalen Ebene des Satzes greifbar wird, weisen illokutive Partikeln auf kommunikative Situationen zurück, in die Sätze als Sprechhandlungen eingebettet sind. Illokutive Partikeln haben nur einen geringen semantischen Gehalt. Unter kommunikativem Aspekt drücken sie „oft feine Nuancen aus und sind Indikatoren für bestimmte Sprechhandlungen [...]." (Helbig/Buscha 1991: 476):

(9) Er hat   mal   gearbeitet [schwache Kritik].

In mhd. Texten sind illokutive Partikeln oft nicht eindeutig zu identifizieren. Darüber hinaus ist die kommunikative Leistung dieser Partikeln nicht immer eindeutig interpretierbar und in vielen Fällen nur annähernd zu paraphrasieren (s. dazu Helbig/Buscha 1991: 486).

Zu den in mhd. Texten auftretenden illokutiven Partikeln gehören:

- doch: ,[...] sî slahent iuch ab an dirre vrist.' er sprach ,so ensol ich <u>doch</u> den lîp niht verliesen als ein wîp: michn vindet nieman âne wer' (Iw.1168) [Gegensatz zur Annahme des ersten Sprechers: 'trotzdem'];
- eht(e): der iuch dâ richet der bin ich. ich muoz <u>eht</u> aber die nôt bestân. (Iw.2468) [,halt', ,mal'];
- iht: dô sî vrâgende wart ob sî <u>iht</u> weste sîne vart, dô hiez ir vrou Lûnete [...] ir pfärit gewinnen (Iw.5891) [Frageintention, verbunden mit der Erwartung einer negativen Antwort: 'vielleicht'];
- jâ: <u>jâ</u> gesprichet lîhte ein wîp des sî niht sprechen solde. (Iw.7674) [Wiederherstellung der Übereinstimmung zwischen den Dialogpartnern: 'eben', 'doch'];
- joch: ir habt mirs <u>joch</u> ze vil gesaget: und het irs ein teil verdaget, daz zæme iuwerm namen wol (Iw.161) [Indikator der Ungeduld oder der Verstimmung: 'schon'];
- ouch: doch müezen wir <u>ouch</u> nû genesen. (Iw.53) ['ebenfalls', 'ja

150   Zweiter Teil: Hinweise zur mhd. Grammatik

schließlich'];
- wol: ichn hân iu selhes niht getân, irn möhtet mich <u>wol</u> leben lân.
(Iw.173) [Bestätigung eines Sachverhaltes: 'wohl'].

Modalwörter
Modalwörter bezeichnen (wie in [7]) nicht „das objektive Merkmal des
Geschehens (wie Adverbien), sondern drücken die subjektiv-modale
Einschätzung des Geschehens durch den Sprechenden aus. Nicht die
Art und Weise des Geschehens wird von ihnen wiedergegeben, sondern die Einstellung (Stellungnahme) des Sprechers zum Geschehen.
Die Modalwörter stehen nur an der konkreten Oberfläche innerhalb des
Satzverbandes; in der zugrunde liegenden Struktur stehen die Modalwörter außerhalb des Satzzusammenhangs, sind weder Satzglieder
noch Teile von ihnen. Sie beziehen sich in der Regel nicht auf ein ein-
zelnes Wort, sondern auf den ganzen Satz (dem sie eine modale Fär-
bung verleihen) [...]." (Helbig/Buscha 1991: 504):
- benamen: dune hetest diz gesprochen, dû wærst <u>benamen</u> zebro-
chen. (Iw.153) ['wirklich', 'gewiß'];
- leider: nû muoz ich <u>leider</u> gâhen. (Iw.2310) ['unglücklicherweise'];
- vür wâr und wol: ein meister, hiez Umbrîz, der doch allen sînen
vlîz dar leite <u>vür wâr</u> <u>wol</u> vierdehalbez jâr. Er.7470 [vür wâr, bezogen auf den Relativsatz: 'wirklich'; wol, bezogen auf die Zeitangabe:
'vermutlich'].

4. Die Wortklasse der Satzäquivalente

Als Satzäquivalente schließlich sind solche Wörter anzusehen, „die
nicht Teil eines Satzes sind, sondern selbst Sätze darstellen." (Helbig/
Buscha 1991: 529).
In ihrer Eigenschaft, Sätze darzustellen, stimmen Satzäquivalente mit
Modalwörtern überein. Im Unterschied zu Modalwörtern, die als reduzierte Schaltsätze Teil innerhalb des Satzzusammenhanges bleiben, stehen Satzäquivalente aber außerhalb des Satzzusammenhanges.
Als Satzäquivalente treten im Mhd. Interjektionen auf sowie die Wörter
jâ und nein. Interjektionen sowie jâ und nein werden demnach vonein-
ander nicht auf Grund unterschiedlicher syntaktischer, sondern allein
auf Grund unterschiedlicher semantischer Eigenschaften unterschieden.
Zu den in mhd. Texten um 1200 auftretenden Interjektionen gehören:
- deiswâr: <u>deiswâr</u> ir handelt ez niht wol mit iuwer grôzen meisterschaft. (Heinr.1126); vgl. dagegen: wan daz ez lasterlîchen stât,
deiswâr [daz ist wâr] unde ist unbillîch. (Iw.3168);
- entriuwen: <u>entriuwen</u> ez sol anders varn. (Iw.919);
- ouwê: ouwê immer unde ouwê, waz mir dô vreuden benam ein
bote der von dem wirte kam! (Iw.348);
- wâfen: <u>wâfen</u>, herre, wâfen! (Iw.3511);

Hinweise zur mhd. Grammatik: I. - IX. 151

- wê: w<u>ê</u> mir armer, w<u>ê</u>! (Greg.1306);
- weizgot: <u>weizgot</u> ich lâze mînen zorn. (Iw.2062);
- zewâre: <u>zewâre</u> im was sîn houbet grœzer dan einem ûre. (Iw. 430).

5. Die Wortklasse der Negationswörter

Gemeinsames semantisches Merkmal aller Negationswörter ist es, daß sie die Aussage des Satzes oder des Satzteiles, in dem sie auftreten, verneinen (Satznegation bzw. Sondernegation).
Negationswörter können außer dem Merkmal '+NEGATION' noch unterschiedliche syntaktische und semantische Merkmale aufweisen, auf Grund derer Negationswörter auch anderen Wortklassen zuzuordnen wären wie z.b.:

irn sult iuwer zuht durch <u>nieman</u> zebrechen. Iw.204 (Negationswort und substantivisches Pronomen);

si erwelte hie nû einen wirt von dem sî <u>niemer</u> wirt geswachet noch gunêret. Iw.1587 (Negationswort und Temporaladverb).

III. Strukturen grammatischer Morpheme

Nach ihrer Struktur können grammatische Morpheme (Flexionsmorpheme der Konjugation, Deklination und Komparation sowie Wortbildungsmorpheme) klassifiziert werden als
- nicht-additive (nicht-segmentierbare) Morpheme;
- additive (segmentierbare) Morpheme: Präfixe, Suffixe, Zirkumfixe ('diskontinuierliche' Morpheme);
- Morpheme mit einer additiven und nicht-additiven Komponente;
- 'Nullstellen'.

Additive Morpheme gehen in die Struktur von veränderbaren Wörtern ein durch Affigierung (Wortstamm reht + Flexionsmorphem {e} –> reht-**e**), und zwar als Präfix (**er**-storben), Suffix (wâr-**heit**) oder (durch die Kombination von Präfigierung und Suffigierung) als Zirkumfix (**g e**-leb-**et**, **g** e-müet-**e**).

Nicht-additive Morpheme manifestieren sich in einem formalen Kontrast zwischen den Stämmen eines Wortes unter der Bedingung, daß dieser formale Kontrast mit einem semantischen Kontrast verbunden ist. Der formale Kontrast semantisch unterschiedlicher Wortstämme wird dann als grammatisches Morphem bewertet: m**u**ot: ge-m**ü**et-e, tr**a**g-e: tr**u**oc, er-w**e**rb-en: er-w**u**rb-en.

Sprachhistorisch gesehen, sind nicht-additive Morpheme als Resultate historischer phonologischer Prozesse zu bewerten. Sie gehen also auf Laut*wandel*erscheinungen zurück, deren Spuren sich in Laut*wechsel*erscheinungen erhalten haben.

Morpheme mit einer additiven und einer nicht-additiven Komponente treten in Wortstrukturen auf wie z.B. **ge-nom-en, ge-müet-e, gest-e** ('Gäste').
Nullstellen (ø) drücken sprachlich nicht markierte grammatische Morpheme aus an der Stelle eines Wortes, an der auch Affixe auftreten können: nam-ø, aber: nim-**et**, næm-**e**.

IV. Zur morphologischen Struktur flektierter Wörter

Flektierte Wörter weisen neben dem Wortstamm wortklassenspezifische morphologische Kategorien auf. Diese können durch strukturell unterschiedliche grammatische Morpheme gekennzeichnet sein (s. dazu oben S. 151).
Konjugierte Wortstämme (Verben) werden mit den Kategorien 'Tempus', 'Modus', 'Person', 'Numerus' und 'Genus verbi' als den morphologischen Kategorien des Verbs verbunden:

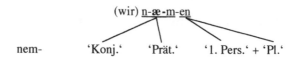

nem-   'Konj.'   'Prät.'   '1. Pers.' + 'Pl.'

Deklinierte Wortstämme (z.B. Substantive) werden mit den Kategorien 'Kasus', 'Numerus' und 'Genus' als den morphologischen Kategorien des Substantivs verbunden:

gast-   'Pl.' + 'N.A.'   wort-   'Pl.' + 'N.A.'

Graduierte Wortstämme (Adjektive) werden mit den Kategorien 'Positiv', 'Komparativ' und 'Superlativ' verbunden:

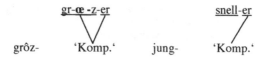

grôz-   'Komp.'   jung-   'Komp.'

V. Zur Wortbildung:
Strukturen und grammatische Morpheme von Wortbildungskonstruktionen

Als Wortbildungsarten werden angesehen: Komposition (WBK Kompositum), Derivation (WBK Derivat) und Präfigierung (WBK Präfixwort).
Grammatische Morpheme der Wortbildung treten in Verbindung mit einem lexikalischen Morphem als Basis der WBK in Derivaten (Basis: Sb. burg- + {ære} –> burg-ære, Basis: Vb. loben + {bære} –> Adj. lobe-bære) und Präfixwörtern (Basis: Sb. gemach + {un} –> Sb. ungemach, Basis: Vb. kiesen + {ver} –> Vb. ver-kiesen) auf.

Als <u>Präfixe bei verbalen Wortstämmen</u> gelten im allgemeinen:

{be} (be-triegen), {ent} (ent-sagen), {er} (er-lîden), {ge} (ge-heizen), {ver} (ver-sagen) und {zer} (zer-brechen). Bei Einheiten wie {ab(e)}, {an(e)}, {durch}, {über}, {under}, {ûz}, {wider} u.a., die das Verb 'transitivieren' können und denen freie Morpheme gegenüberstehen, handelt es sich überwiegend um trennbare Erstglieder von Verben.

Additive <u>grammatische Morpheme in Derivaten</u> (Sb., Adj. und Vb.)

{ære}	Sb. burg-ære, schepf-ære
{bære}	Adj. lobe-bære, hove-bære, genis-bære
{e}	Sb. sprâch-e
{ec}	Adj. dürft-ec (-ec, -ic Paul 1998: § 59.3)
{eclich}	Adj. minn-eclich (-ec, -ic Paul 1998: § 59.3)
{(e)n}	Vb. salb-en, vell-en, trüeb-en (< ahd. Sb. salb[a] + {ôn}, ahd. Vb. fall-an + jan, ahd. Adj. truob-i + jan)
{ge ... e}	Sb. ge-birg-e
{haft}	Adj. angest-haft (Antonym: -lôs)
{heit}	Sb. man-heit (< ahd. Sb. heit 'Person, Gestalt')
{îe}	Sb. massen-îe (Fremdsuffix)
{în}	Sb. küneg-în, Adj. sîd-în
{esch}	Adj. höv-esch (-esch, -isch Paul 1998: § 59.3)
{lich}	Adj. man-lich
{lîn}	Sb. vogel-lîn (Diminutivbildung)
{lôs}	Adj. triuwe-lôs (Antonym: -haft)
{nisse}	Sb. vanc-nisse (zu -nisse, -nüsse/nusse Paul § 59.1)
{rîch}	Adj. sælde-rîch
{sam}	Adj. lobe-sam
{schaft}	Sb. ritter-schaft (< ahd. Sb. gi-scaft 'Schöpfung, Beschaffenheit')
{tuom}	Sb. siech-tuom (< ahd. Sb. tuom 'Urteil, Fähigkeit, Aussehen')
{unge}	Sb. wandel-unge

154 Zweiter Teil: Hinweise zur mhd. Grammatik

Additive grammatische Morpheme in Präfixwörtern (Sb., Adj., Vb.)

{al}	Adj. al-rôt ('verstärkend')
{misse}	Sb. misse-tât, Vb. misse-tuon, Adj. misse-var ('abweichend vom Normalen zum Falschen, Schlimmen') (vgl. {un})
{über}	Adj. über-lût, Sb. über-kraft ('verstärkend')
{un}	Sb. un-gemach, Adj. un-mære (Sondernegation; 'abweichend vom Normalen zum Falschen, Schlimmen') (vgl. {misse})
{ur}	Adj. ur-mære
{vol}	Vb. vol-sagen

VI. Hinweise zur morphologischen Klassifikation der Verben

Verben weisen Unterschiede in der Formenbildung auf. Die morphologische Klassifikation der Verben als starke Verben, schwache Verben und 'unregelmäßige' Verben beruht im wesentlichen auf den Unterschieden in der Repräsentation der morphologischen Kategorie 'Tempus' sowie in der Bildung der infiniten Verbform 'Part. II'. So kann z.B. das Tempus 'Prät.' in der Verbform '3. Sgl. Prät. Ind.' in einer Klasse von Verben durch ein ablautbedingtes nicht-additives Morphem repräsentiert sein (geschach: geschehen, reit: rîten, wâren: wesen, truoc: tragen, ersach: ersehen), bei einer anderen Klasse durch das Suffix {(e)t} (kêr-t-e: kêren, volg-et-e: volgen), bei den Verben einer dritten Gruppe schließlich ohne erkennbare Regularität (gienc: gân, hete: haben, mohte: mügen).

Auf Grund der von der mhd. Sprachstufe aus erfaßten Besonderheiten in der Formenbildung werden hier die Verben der ersten Gruppe als Verben der starken Konjugation (starke Verben), die Verben der zweiten Gruppe als Verben der schwachen Konjugation (schwache Verben) und die Verben der dritten Gruppe - abweichend von der historisch orientierten Klassifikation in Paul 1998 und anderen einschlägigen Grammatiken des Mhd. - als 'unregelmäßige' Verben klassifiziert. Unregelmäßige Verben weisen also Besonderheiten in der Formenbildung auf, die in der Klassifikation der starken und schwachen Verben nicht erfaßt werden und vom Standpunkt des Mhd. aus nicht mehr mit Hilfe von Bildungsregeln beschreibbar sind.

Hinweise zur mhd. Grammatik: I. - IX. 155

1. Die Klasse der starken Verben und ihre Subklassen

Das Hauptkennzeichen der starken Verben wird darin gesehen, daß das Tempus 'Prät.' durch ein ablautbedingtes nicht-additives Morphem (rîten: reit, riten) und die infinite Verbform 'Part. II' durch ein grammatische Morphem mit additiver und nicht-additiver Komponente (ge-rit-en) repräsentiert werden.

Regularitäten der Verteilung ablautbedingter nicht-additiver Morpheme ('Stammvokale') bei der Konjugation der starken Verben erlauben es, die starken Verben sieben morphologischen Subklassen zuzuordnen.

Hauptkriterium für die Zuordnung eines starken Verbs zu einer der sieben Subklassen ist demnach das Auftreten der klassenspezifischen Stammvokale. Außerdem sind noch bei den Verben, die den Subklassen Ia, Ib, IIa, IIb und IIIa, IIIb zuzuordnen sind, Besonderheiten der phonologischen Wortstruktur zu beachten (s. dazu Paul 1998: §§ 245-247)

Zur Übersicht über die Subklassen ('Ablautreihen') der starken Verben s. oben S. 11.

2. Die Klasse der schwachen Verben und ihre Subklassen

Kennzeichen der schwachen Verben ist bei der überwiegenden Zahl der schwachen Verben das Gleichbleiben des Stammvokals in allen Stammformen des schwachen Verbs (kêren, kêrte, gekêrt). Das Tempus 'Präteritum' wird durch durch das Suffix {(e)t} (kêr-t-e, volg-et-e) und die infinite Verbform 'Part. II' durch das diskontinuierliche Morphem {ge...(e)t} (ge-kêr-(e)t, ge-volg-et) repräsentiert. Daneben gibt es noch eine relativ kleine Zahl schwacher Verben wie z.B. nennen: nante [genant] oder hœren: hôrte [gehôrt bzw. gehœret], bei denen der Stammvokal nicht gleichbleibt. Abweichend von der Klassifikation der schwachen Verben des heutigen Deutsch (sie geht nur von einer Klasse der regelmäßigen Verben aus und ordnet dieser die sehr kleine Zahl schwacher Verben mit umlautbedingten Besonderheiten in der Stammbildung zu) ist bei der Klassifikation der schwachen Verben des Mhd. auf Grund der größeren Zahl von Verben, die umlautbedingte Besonderheiten in der Stammbildung aufweisen, von zwei Subklassen der schwachen Verben auszugehen: 1. von einer Subklasse, für die das Gleichbleiben des Stammvokals charakteristisch ist (schwache Verben ohne Rückumlaut), und 2. von einer Subklasse, deren Verben umlautbedingte Besonderheiten in der Stammbildung aufweisen (schwache Verben mit Rückumlaut). Bei den Verben mit einer als 'Rückumlaut' bezeichneten vokalischen Alternation (Paul 1998: § 262) steht also einem umlautfähigen Stammvokal im Präteritum ein umgelauteter

156 Zweiter Teil: Hinweise zur mhd. Grammatik

Stammvokal im Präsensstamm gegenüber (k*ü*ssen: k*u*ste, l*iu*hten: l*û*hte, tr*œ*sten: tr*ô*ste, v*e*llen: v*a*lte, w*æ*nen: w*â*nde, antw*ü*rten: antw*u*rte).
Die Kenntnis der Umlautalternationen beim schwachen Verb dient bei der rezeptiven Verarbeitung vor allem zur Identifizierung des umgelauteten Stammvokals im Infinitiv, dem ein nicht-umgelauteter Stammvokal im Präteritum bzw. Part. II, gegenübersteht (si *zarte* diu kleider in der nât: –> Inf. zerren.).

3. Die Klasse der 'unregelmäßigen' Verben

Kennzeichen der Konjugation der unregelmäßigen Verben vom mhd. Standpunkt aus ist das Fehlen erkennbarer Regularitäten in der Formenbildung (s. dazu die Liste der unregelmäßigen Verben auf S. 13).
Daß die Formen unregelmäßiger Verben ohne erkennbare Regularität gebildet werden, läßt sich freilich nur vom Standpunkt des Mhd. aus sagen und überdies nur dann, wenn beim Rezipienten keine einschlägigen sprachhistorischen Kenntnisse vorausgesetzt werden. Vom historischen Standpunkt aus ist die überwiegende Zahl dieser Verbformen durchaus als Resultat regulärer sprachhistorischer Prozesse interpretierbar. Eine sprachhistorisch ausgerichtete Interpretation führt daher auch zu einer anderen Klassifikation.
Für die morphologische Charakteristik der Verben (als Verben mit einer gemischten Konjugation, Präteritopräsentien, Wurzelverben, kontrahierte Verben sowie Verben mit j-Ableitung [j- Präsentien § 254]), die hier als unregelmäßige Verben klassifiziert werden, verweisen wir auf die einschlägigen mhd. Grammatiken (s. dazu auch die letzte Spalte der alphabetischen Liste 'unregelmäßiger' Verben auf S. 13).

VII. Der Infinitiv als Nomen actionis und als substantivierter Infinitiv (Gerundium)

Der Infinitiv ist „streng genommen keine Verbalform, sondern ein Nomen (und zwar ein Nomen actionis), das von der gleichen Wurzel gebildet ist wie das Verbum finitum. Dieser Herkunft entsprechend fehlen ihm morphologisch und bedeutungsmäßig die Kategorien des Genus verbi und des Tempus [...]" (Paul 1998: § 332). Daraus ergibt sich u.a., daß der Infinitiv, der im heutigen Deutsch ein aktivisches Bedeutungsmerkmal hat, aus dieser Sicht als passivisch erscheinen kann wie z.B. in: der minneclîchen meide triuten ['geliebt zu werden'] wol gezam. (Nib. 3.1).
Die Substantivierung des Infinitivs wird als sekundärer Vorgang angesehen, durch den der Infinitiv als Nomen actionis den Charakter eines Verbalabstraktums annimmt. „Die Grenzen zwischen verbalem und substantivischem Infinitiv bleiben fließend..." (Paul 1998: § 333): kla-

gen unde weinen mir immer zæme baz. (Nib. 1245.3). Das Gerundium weist neben der Grundform (z.b. geben) noch eine Genitivform (gebennes) und eine Form im Dativ (gebenne) oder Präpositionalkasus (ze gebenne) auf: daz wære mir ze sagenne ze lanc. (Er.7573). Es kann wie ein Substantiv zusammen mit einem Artikelwort und Adjektiven auftreten: iu enkunde diz vlîzen ze ende niemen gesagen. (Nib.575.7).

VIII. Einleitungswörter subordinierter Sätze

Zusammengesetzte (komplexe) Sätze bestehen aus Teilsätzen, und zwar entweder aus Hauptsätzen oder aus Haupt- und Nebensätzen. Hauptsätze sind koordinativ verbunden, Nebensätze können koordinativ oder subordinativ verbunden sein. Die Verbindung von Haupt- und Nebensätzen ist stets subordinativ.
Die koordinative Verbindung von Teilsätzen führt zu einer Satzverbindung, wenn es sich bei den verbundenen Teilsätzen um Hauptsätze handelt. Die Verbindung der Hauptsätze kann sprachlich markiert oder unmarkiert sein (syndetische bzw. asyndetische Konstruktion): dise sprâchen wider diu wîp, dise banecten den lîp, dise tanzten, dise sungen, dise liefen, dise sprungen [...]. Iw.65 (asyndetische Konstruktion); mich jâmert wærlîchen, und [,] hulfez iht, ich woldez clagen, daz nû bî unsern tagen selch vreude niemer werden mac [...]. Iw.48 (syndetische Konstruktion).
Koordinativ verbundene Nebensätze sind Nebensätze gleichen Grades: ein rîter, der gelêret was und [der] ez an den buochen las [...], der tihte diz mære. Iw.21. Subordinativ verbundene Nebensätze sind Nebensätze verschiedenen Grades: ein rîter, der gelêret was und ez an den buochen las, swenner sîne stunde niht baz bewenden kunde, daz er ouch tihtennes pflac [...], der tihte diz mære. Iw.21.
Bei der Verbindung von Haupt- und Nebensätzen liegt stets eine Subordination von Teilsätzen vor. Die Subordination von Teilsätzen (im Sinne einer 'Einbettung' des Nebensatzes in den Hauptsatz) führt zu einem Satzgefüge.
Nach der Art der Einbettung des Nebensatzes in den Hauptsatz (entweder mit Hilfe eines Einleitungswortes oder ohne ein Einleitungswort) wird zwischen eingeleiteten und uneingeleiteten Nebensätzen unterschieden: dô er noch lützel hete geseit, dô erwachte diu künegin [...]. Iw.96 (durch dô eingeleiteter Nebensatz); mich jâmert wærlîchen, und [,] hulfez iht, ich woldez clagen, daz nû bî unsern tagen selch vreude niemer werden mac [...]. Iw.48 (uneingeleiteter Nebensatz).
Einleitungswörter können in ihrer Art und Form verschieden sein und gehören deshalb unterschiedlichen Wortklassen an. Als Einleitungswörter treten auf: Konjunktionen, Pronomina, Adverbien, Interrogativadverbien sowie Pronominaladverbien. Nach Art und Form der Einlei-

158 Zweiter Teil: Hinweise zur mhd. Grammatik

tungswörter werden eingeleitete Nebensätze klassifiziert als
- Konjunktionalsätze (er hât bî sînen zîten gelebet alsô schône <u>daz er</u> <u>der êren krône dô truoc und noch sîn name treit</u>. Iw.8);
- Relativsätze (des gît gewisse lêre künec Artûs der guote,<u>der mit rî-</u> <u>ters muote nâch lobe kunde strîten</u>. Iw.4) oder
- indirekte Fragesätze (er sprach: 'herre, und wærez iu niht leit, ich vrâgete iuch mære <u>war iuwer wille wære</u>.' Er.3515).

1. Konjunktionen als Einleitungswörter von Konjunktionalsätzen (Paul § 458, §§ 459 - 467)

Konjunktionen haben „keinen Satzgliedwert und sind vor der Einbettung in keinem Teilsatz enthalten." (Helbig/Buscha 1991: 642). Zu den im Mhd. am häufigsten auftretenden subordinierenden Konjunktionen gehören:
<u>aleine</u> 'obschon', <u>als(am)</u> '(ganz so) wie', <u>alsô</u> 'wie, wenn, wenn auch, sowie', <u>âne</u> 'obgleich', <u>danne</u> 'als', <u>daz</u> 'daß', <u>durch daz</u> '(deshalb) weil, damit', <u>ûf daz</u> 'damit', <u>umbe daz</u> '(deshalb) weil', <u>dô</u> 'als', <u>ê (daz)</u> 'bevor', <u>innen des</u> 'während', <u>nû (daz)</u> 'da nun, als nun', <u>obe</u> 'wenn, wenn auch', <u>sam</u> '(ganz so) wie', <u>sît (daz)</u> 'seitdem, da', <u>sît (dô)</u> 'seitdem', <u>sô</u> 'als, wenn, wie', <u>swenne</u> 'wann immer, obgleich', <u>swie</u> 'obgleich, wie, wenn', <u>under des</u> 'während', <u>unze</u> <u>(daz)</u> '(solange) bis', <u>wande</u> 'da', <u>die wîle (daz)</u> 'während, weil'.
Zu <u>unde</u> als subordinierender Konjunktion in der Bedeutung 'wie, so-wie, als' s. Paul 1998: §§ 459.13 und 465.3; zu <u>unde</u> als subordinie-render Konjunktion in der Bedeutung 'wenn, obgleich' s. Paul 1998: § 445. A. 1.

2. 'Relativa' als Einleitungswörter von Relativsätzen (Paul § 450 und § 451)

Ein Relativum hat „Satzgliedwert im eingebetteten Satz und setzt vor der Einbettung ein in beiden Teilsätzen identisches Element voraus." (Helbig/Buscha 1991: 643). Zu den Einleitungswörtern mhd. Relativ-sätze gehören:
die Pronomina <u>der/daz/diu</u>, ferner <u>swer/swaz</u>, <u>sweder</u> und <u>swelch</u>-; Adverbien und Interrogativadverbien wie <u>dâ</u> 'wo', <u>dar</u> 'wohin', <u>dan-</u> <u>nen</u> 'woher' sowie die verallgemeinernden Interrogativadverbien <u>swâ</u> 'wo auch immer', <u>swar</u> 'wohin auch immer' und <u>swannen</u> 'woher auch immer'; Pronominaladverbien wie z.B. <u>darinne</u> und <u>darumbe</u>, <u>darûf</u>. Zu <u>sô</u> und <u>unde</u> in relativischer Funktion s. Paul 1998: § 451.

Hinweise zur mhd. Grammatik: I. - IX. **159**

3. 'Interrogativa' als Einleitungswörter von indirekten Fragesätzen (Paul § 456 und § 457)

Als indirekte Fragesätze gelten hier indirekte Fragesätze im syntaktischen Sinne, d.h. unabhängig davon, ob dem eingebetteten Satz eine Frage zugrunde liegt (Wann kommt sie? –> Er fragt, wann sie kommt.) oder nicht (Sie kommt. –> Er weiß, wann sie kommt.). Das Einleitungswort „hat Satzgliedwert im eingebetteten Satz und ist bereits vor der Einbettung als Glied des einzubettenden Satzes vorhanden." (Helbig/Buscha 1991: 643). Zu den Einleitungswörtern mhd. indirekter Fragesätze gehören:
Pronomina mit interrogativischer Funktion wie <u>wer/waz</u>, <u>swer/swaz</u> 'wer/was auch immer', <u>welher</u>, <u>swelher</u> 'welcher auch immer', <u>weder/wederz</u> 'welcher von beiden', <u>welîch</u> 'wie beschaffen, welcher' (Paul 1998: §§ 223 und 411); Adverbien und Interrogativadverbien wie z.B. <u>wâ(r)</u> 'wo', <u>war</u> 'wohin', <u>wannen</u> 'woher', <u>wanne</u> 'wann'; ferner Pronominaladverbien in der Funktion von Interrogativa wie z.B. <u>war umbe</u> 'warum' sowie das Einleitungswort <u>ob</u> (vil schône sazte mich sîn hant hinder daz ors ûf daz lant, daz ich vil gar des vergaz <u>ob</u> ich ûf ors ie gesaz. Iw.743).
Das Einleitungswort ob ist wie die Konjunktion daz relativ bedeutungsarm, gleichwohl aber nicht austauschbar (Es ist sicher, daß sie kommt. Es ist unsicher, ob sie kommt.) (Helbig/Buscha 1991: 643). Im Mhd. ist das Vorkommen von ob abhängig von „Ausdrücken, welche Wissen-Wollen, Nachforschen, Zweifeln, Ungewiß-Sein und ähnl. bezeichnen." (Paul 1998: § 467).

IX. Zur rezeptiven Verarbeitung von Sätzen von der Valenz des finiten Verbs aus

Das Verb weist grammatische Eigenschaften auf, auf Grund derer es als das strukturelle Zentrum des Satzes angesehen werden kann. Zwar erschöpft sich die besondere grammatische Rolle des Verbs nicht in seiner Satzbildungspotenz, doch gilt es wegen seiner morphologischen, syntaktischen und semantischen Eigenschaften als die Wortart, von der aus die Bildung und die rezeptive Verarbeitung von Sätzen organisiert wird. Diese grammatischen Eigenschaften des Verbs können als Reflex einer Fähigkeit des Verbs angesehen werden, die als Valenz bezeichnet wird und welche die Grundlage morphosyntaktischer Strukturmodelle des Satzes (Helbig/Buscha 1991: 619) bildet.
Unter der Valenz des Verbs wird seine Fähigkeit verstanden, „bestimmte Leerstellen im Satz zu eröffnen, die besetzt werden müssen bzw. besetzt werden können. Sie werden besetzt durch *obligatorische Aktanten* (die im Stellenplan des Verbs enthalten und in der Regel nicht

160 Zweiter Teil: Hinweise zur mhd. Grammatik

weglaßbar sind) oder *fakultative Aktanten* (die auch im Stellenplan des Verbs enthalten, aber unter bestimmten Kontextbedingungen weglaßbar sind). Außer den obligatorischen und fakultativen Aktanten treten im Satz noch *freie Angaben* auf, die von der Valenz des Verbs nicht determiniert sind und syntaktisch beliebig in jedem Satz hinzugefügt und weggelassen werden können." (Helbig/Buscha 1991: 66).

Der Kenntnis der Valenzeigenschaften des Verbs fällt in besonderem Maße bei der Bildung von Sätzen eine zentrale Rolle zu. Bei der rezeptiven Verarbeitung könnte man diese Rolle eher als sekundär einstufen. Denn im Gegensatz zur grammatischen Konstruktion von Sätzen bleibt ihre rezeptive Verarbeitung (die grammatische Analyse also) darauf beschränkt, die in einem Satz auftretenden Wörter zu identifizieren, sie in Wortgruppen unterschiedlicher Komplexität zu integrieren und ggf. auftretende Satzelemente zu erkennen, die (wie valenzunabhängige Angaben) außerhalb des Prädikatsrahmens oder die (wie Modalwörter und illokutive Indikatoren) außerhalb des Satzes im Sinne einer Satzproposition bleiben. Mit anderen Worten, mit Bezug auf die Valenzeigenschaften des Verbs kommt es in erster Linie darauf an, in Kenntnis der Tatsache, daß Verben Valenzeigenschaften aufweisen, die Satzanalyse vom finiten Verb aus zunächst in der Weise zu organisieren, daß die Wortgruppen, die als potentielle Kandidaten für Aktanten gelten könnten, dem Prädikatsrahmen bzw. der Rolle des grammatischen Subjekts zugeordnet und von ihnen die nicht valenzdeterminierten Wortgruppen isoliert werden, und schließlich der Tatsache Rechnung zu tragen, daß ein Verb unterschiedliche Valenzeigenschaften aufweisen und deshalb auch unterschiedliche Bedeutungen annehmen kann. Vgl. dazu z.B. das mhd. Verb jehen, mit dem die folgenden Bedeutungen verbunden sein können: sîne stimme hôrte ich, wan er jach vil wider mich. (Er.4854) ('sagen'); swer in danne unstæte giht. (Iw.1885) ('bezichtigen'); der vünften er des prîses jach (Er.8266) ('zuerkennen'); die sîn herze tougen zallen zîten an sach unde ir ouch ze vrouwen jach (Iw.5190) ('anerkennen').

Hinweise zur folgenden Skizze der Rezeption des Satzes:

> Ez geschah mir, davon ist ez wâr, (es sint wol nû zehen jâr) daz ich nâch âventiure reit, gewâfent nâch gewonheit, ze Breziljan in den walt. Iw.259.

Der erste Schritt bei der rezeptiven Verarbeitunmg des Satzes besteht darin, den Satz auf die ihm zugrunde liegende Struktur zurückzuführen.

Der zweite Schritt gilt der Identifikation des finiten Verbs sowie der Explikation seiner (syntaktischen) Valenz und der mit den Aktanten verbundenen semantischen Merkmale (wie z.B. HUM oder BEL). Ausgehend von der im Satz auftretenden finiten Verbform und ihrer morphologischen Markierung, führt der dritte Schritt unter Orientierung an der morphologischen Markierung der übrigen Einheiten des

Hinweise zur mhd. Grammatik: I. - IX. 161

Satzes zu der Identifikation der Leerstellen, ihrer Besetzung und damit letztlich zum Strukturmodell des Satzes.
Erster Schritt (Grundstruktur des Satzes): ich [gewâfent nâch gewonheit] nâch âventiure in den walt [ze Breziljan] reit.
Zweiter Schritt: reit –> rîten.
rîten = Vb. mit 1 oblig. Aktanten und 2 fakult. Aktanten.
Oblig. Akt.: Subst. [+HUM] im Nom. als Subjekt/Agens [z.B. wer?].
1. fakult. Akt.: Subst. [-BEL] im Präp.kasus als Adverbialbestimmung/Lokativ (Direktional) [z.B. wohin?].
2. fakult. Akt.: Subst. [+BEL] im Präp.kasus als Adverbialbestimmung/Instrumental [z.B. womit?].
Dritter Schritt: Strukturmodell (s. dazu auch Singer 1996: 276):

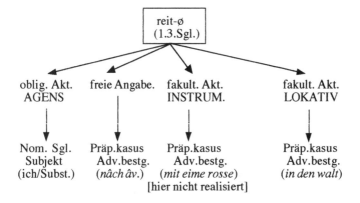

Anmerkungen:
1. Agens, Lokativ (Ort bzw. Direktional) und Instrument(al) sind Bezeichnungen für semantische Kasus (s. dazu Helbig/Buscha 1991: 634).
2. Im Gegensatz zu der von dem Verb *rîten* determinierten Adverbialbestimmung *in den walt ze Breziljan* führt die freie Angabe *nâch âventiure* eine neue, vom finiten Verb unabhängige Information ein über die mit der Aussage der Prädikatsgruppe verbundenen Motivation oder Intention.

Dritter Teil

I. Literaturverzeichnis

1. Literarische Quellen

Gottfried von Sraßburg: »Tristan und Isold«. Hg. von F. Ranke. Text. 11. unveränderte Aufl. Dublin/Zürich 1967.

Hartmann von Aue

Hartmann von Aue: »Erec«. Hg. von A. Leitzmann, fortgef. von L. Wolff. 6. Aufl., besorgt von Chr. Cormeau und K. Gärtner. Tübingen 1985.

Hartmann von Aue: »Iwein«. Text der 7. Ausgabe von G. F. Benecke, K. Lachmann und L. Wolff. Übersetzung und Anmerkungen v. Th. Cramer. 3., durchgesehene und ergänzte Aufl. Berlin 1981.

Hartmann von Aue: »Gregorius«. Hg. von H. Paul. 13., neu bearbeitete Aufl., besorgt von B. Wachinger. Tübingen 1984.

Hartmann von Aue: »Der arme Heinrich«. Hg. von H. Paul. 16. Aufl., besorgt von K. Gärtner Tübingen 1996.

Das Nibelungenlied

Das Nibelungenlied. Nach der Ausgabe von K. Bartsch hg. von H. de Boor. 19.Aufl. Wiesbaden 1967.

Walther von der Vogelweide

Die Lieder Walthers von der Vogelweide. Unter Beifügung erhaltener und erschlossener Melodien neu hg. von F. Maurer. 1. Bändchen: Die religiösen und politischen Lieder. 4., durchgesehene Aufl. Tübingen 1974.

Die Lieder Walthers von der Vogelweide. Unter Beifügung erhaltener und erschlossener Melodien neu hg. von F. Maurer. 2. Bändchen: Die Liebeslieder. 3., verbesserte Aufl. Tübingen 1969.

2. Sekundärliteratur

F. H. Bäuml & E.-M. Fallone: A Concordance to the Nibelungenlied (Bartsch-de Boor Text). With a structural pattern index, frequency ranking list and reverse index. Leeds 1976.

Benecke, G. F.: Wörterbuch zu Hartmanns Iwein. 2. Ausgabe, besorgt von E. Wilken. Göttingen 1874.

Benecke, G. F. & W. Müller & F. Zarncke: Mittelhochdeutsches Wörterbuch. Leipzig 1854-1866.

Boggs, R. A. s. Hartmann von Aue

Hartmann von Aue: Lemmatisierte Konkordanz zum Gesamtwerk. Bearbeitet von R. A. Boggs. Indices zur deutschen Literatur. Hg. von W. Lenders u.a. Index 12/13. Nendeln 1979.

164 Dritter Teil: Literaturverzeichnis

R.-M. S. Heffner & W. P. Lehmann: A Word-Index to the poems of Walther von der Vogelweide. 2. Aufl. The University of Wisconsin Press. 1950.

Helbig, G. und J. Buscha: Deutsche Grammatik. Ein Handbuch für den Ausländerunterricht. 14., durchgesehene Aufl. Berlin/München 1991 [Helbig/Buscha 1991].

Hennig, B. : Kleines Mittelhochdeutsches Wörterbuch. In Zusammenarbeit mit Chr. Hepfer und unter redaktioneller Mitwirkung von W. Bachofer. Tübingen 1993.

Lexer, M.: Mittelhochdeutsches Handwörterbuch. Bd. I-III. Leipzig 1872-1878 [HWB].

Lexer, M.: Mittelhochdeutsches Taschenwörterbuch. Mit Nachträgen zum mittelhochdeutschen Taschenwörterbuch. Neubearb. und aus den Quellen ergänzt von U. Pretzel. 37. Aufl. Leipzig 1986.

Paul, H.: Mhd. Grammatik. 24. Aufl., neu bearb. von P. Wiehl und S. Grosse. Tübingen 1998 [Paul 1998].

Singer, J.: Grundzüge einer rezeptiven Grammatik des Mittelhochdeutschen. München-Wien-Zürich 1996.

II. Alphabetisches Verzeichnis der in den GWS aufgenommenen Leitlemmata

a

ab(e) 5
aber 3
aht(e) 9
al 1
aleine 6
allenthalben,
allenhalben 6
alsam 7
alsô, als(e) 1
alsus 5
alt 5
alze 6
an(e) 1
ân(e) 2
ander 2
anderswâ 10
antwurten, antwürten 7
arbeit, arebeit 4
arm 3
armuot 9
âventiure 8

b

bâbest, pâbest 8
balt, balde 10
baz 3
bedenken 9
begân, begên 7
beginnen 2
behalten 7
beide 2
bekant 4
belîben 4
benamen s. nam(e)
benemen 5
bereit 7
bereiten 9
berihten 9
bescheiden 9
beste, bezziste 4

bestân, bestên 5
besunder, besundern 9
bet(e) 6
bettc 10
betwingen 10
bewarn 6
bezzer 6
bî 2
biderbe 8
bieten 6
binden 7
biten, bitten 3
bîten 7
blint 8
blôz(e), blœze 9
bluome 4
bluot 9
bœse, bôse 7
bote 10
brechen 6
breit 7
bringen 4
brunne 8
brünne 10
bruoder 10
brust 9
bûhurt 10
buoze 9
burc 10

d

da, dâ, dar(e) dâr(e) 1
danc 8
danne, dan, dannen 2
dannoch, dennoch 6
daz 1
dehein, dechein,
dekein 2
deiswâr 8
denken 3
der/daz/diu 1
deste 8

dicke, dic 4
dienen 6
dien(e)st 7
diep 10
dinc 4
dirre(diser)/diz(ditze)/
disiu 1
dô 1
doch 2
dorn 9
dort 9
drâte 6
drî(e) 4
dringen 9
dulden, dulten 9
dunken, dünken 4
durch 2
durfen, dürfen 8

e

ê, êr 2
eben(e) 10
edel 6
eht(e), et 6
eigen 7
ein/einez/einiu 1
ein-ander 7
eit 9
ellen 7
ellende, ellent 9
en-, -(e)n, -ne 1
enbern 8
enbieten 6
ende 5
enden 10
engegen, engein 7
engel 6
engelten 8
enmitten s. mitte
enpfâhen, enpfân 4
entriuwen s. triuwe
entwîchen 7
enzît s. zît

166 Dritter Teil: Alphabetisches Verzeichnis

erbarmen 7
erde 7
erdiezen 10
êre 2
êren 6
ergân, ergên 4
erkennen 3
erkiesen 9
erlâzen, erlân 6
erlîden 10
erlouben 10
ersehen, ersên 5
erslahen, erslân 5
êrst, êrist 6
ervinden 6
erzeigen 9
ezzen 8

f s. v

fier s. vier

g

gâbe 5
gâh(e),gâche 5
gâhen 7
gân, gên 2
ganz 9
gar, garwe 2
gast 4
ge-bâren 10
geben 2
ge-ber(e)n 9
gebieten 6
gebot 6
ge-bresten 9
geburt 9
ge-danc 7
ge-denken 3
ge-dienen 8
gegen, gein 7
ge-hœren 9
geist 6
ge-leben 10
ge-lîch(e) 3

ge-ligen 9
gelingen 9
ge-loben 10
gelouben 7
gelten 10
gemach(e) 5
ge-machen 10
gemüete 8
genâde, gnâde 4
genesen 5
geniezen 7
genuoc, gnuoc 4
gêr 7
gereit(e) 7
ger(e)n 5
gern(e) 2
ge-ruochen 5
geschehen 2
geschiht 10
ge-sehen 3
geselle 5
ge-stân, ge-stên 9
gesunt 8
ge-tuon 6
ge-türren, ge-turren 9
getwerc 9
ge-var(e)n 10
gevüege 8
gewalt 5
ge-wer(e)n 8
ge-werren 6
gewin 9
gewinnen 2
gewonheit 9
ge-zemen 7
golt 6
got 1
gouch 10
grâve 7
grim, grimme 9
grôz 2
grœzlich, -lîche 5
grüen(e) 8
gruoz 9
güete 7
gunnen 6

guot 1

h

haben, hân 1
hâhen 10
halp 10
hant 2
hâr 8
harte 3
haz 6
heide 6
heiden 6
heil 5
heim(e), heimen, hein 9
heizen 4
helfe 8
helfen 5
helm 9
helt 2
her(e) 3
hêr(e) 5
hergeselle 10
hêrlich, -lîche 3
herre, her 1
herze 3
herzeliebe 9
heven, heben 6
hey, hî 5
hie, hier 2
himel 6
hin(e) 3
hînaht 9
hinnen, hinne 9
hiute 7
hôch, hôhe, hœhe, hô 7
hôchgemuot 10
hôchzît, hôchgezît 10
hof, hov- 6
hœren 4
holt 5
hort 10
houbet 6
hovelich, -lîche 10

Alphabetisches Verzeichnis der Leitlemmata des GWS   167

hulde 6
hûs 4

i

ich, dû, er/ez/siu 1
ie 2
iedoch 8
iegelich, ieg(e)slich, ieclich 9
ieman, iemen 6
iemer, immer 3
ieteslich, ieslich 9
ietweder, ieweder 6
iezuo, ietzunt 9
iht, ieht, iet 4
in 1
inneclich, -lîche 9
inne, innen 5
irren 8

j

jâ 3
jâmer 8
jâr 6
jeger(e) 10
jehen 4
jener/jenez/jeniu 8
joch 10
jude 8
jugent 10
junc 5
juncvrouwe, juncvrou 7

k

kamerære 8
kampf 10
kein s. dehein
keiser 5
kêren 5
kiesen 8
kint 3
kiusch(e) 9

klage 7
klagen 4
klê 9
klein(e) 7
kleit 8
kneht 5
komen, kumen 2
kraft 4
kristen 10
kristenheit 6
kriuz(e), krûz(e) 8
küen, kûn 2
kumber 5
kûme 10
künec, künic 3
künigin, küniginne 5
kunnen, künnen 2
kunt 5
kurz 6
küssen 7

l

lachen 8
laden 10
lanc 3
lant 2
laster 7
lâzen, lân 2
leben 2
legen 4
leiden 8
leider 6
leie 7
leisten 10
leit 3
lêre 8
lêren 8
lesen 9
lewe, leu 5
lîden 8
liebe 7
liegen, liugen 9
lieht 9
liep 3
ligen 3

lîht(e) 5
lîp 2
list 6
liut(e), lût 5
loben 6
lôn 7
lop 7
loufen 8
lützel 6

m

mâc, mâge 3
machen 5
magedîn, megedîn 8
maget, meit 4
man 1
manec, -ic 3
manen 9
manheit 7
mære 3
marke, marc 10
marcgrâve 4
mâze 7
mêr(e), mê, merre 2
meie 7
meinen 7
meist(e) 10
meister 9
mêren 10
mezzen 8
michel 5
mîn/dîn/sîn 1
minne 4
minneclich, -lîche 3
minnen 9
missetât 8
mit(e) 1
mitte 7
mœre 10
morgen 6
münster 7
müezen 2
mügen, mugen 1
munt 5
muot 2

168 Dritter Teil: Alphabetisches Verzeichnis

muoter 7

n

nâch, nâhe, nâ 2
naht 5
nam(e) 7
naz 9
nein, neinâ 9
nemen 2
nennen 4
nider(e) 8
nie 2
nieman, niemen 2
niemer, nimmer 3
nien(e) 8
niener, niender 8
niht 1
niuwan 3
noch 2
nôt 3
nû 1

o

ob(e) 2
oder, od(e) 2
ôr(e) 7
ors s. ros
ouch 1
ouge 5
ougenweide 10
ouwê 6

p

palas, palast 8
pfaffe 5
pfert, pferit 7
pflegen 4
prîs 8

r

rant 8
rât 3

râten 4
rechen 6
recke 2
rede 3
reden 9
reht(e) 3
rein(e) 7
rîch(e) 3
ring(e) 10
ringen 9
rinc 7
rise 9
rîten 2
rîter, ritter 2
ritterlich, -lîche 9
ritterschaft 6
riuwe, rewe 7
riuwen 9
ros, ors 4
rôse 7
ruochen 5
ruofen, rüefen 9

s

sâ, sân 6
sache 7
sagen 1
sælde 7
sælec, -ic 7
sam(e) 5
sanc 4
sant 9
schade 5
schaffen 7
schal 10
schande 6
scharf 8
schapel, schappel 10
scheiden 3
schelten 10
schenken 10
schiere 4
schilt 6
schîn 6
schînen 5

schône 6
schœne 3
schouwen 7
schulde, schult 5
sê, sêwe 8
sedel 10
sehen 1
sêle 6
selp 2
senende, sende 6
senden 5
sêr(e) 3
setzen 6
sich 1
sicherlich, -lîche 10
sîde 10
sider 9
sige, sic 9
sin 3
sîn 1
sît 3
site 5
sît(e) 9
sitzen 3
slac 5
slâfen 8
slahen, slân 3
slaht(e) 9
snel, snelle 4
sô 1
solich, solch, sölch 4
soln, suln 1
sorge 6
spehen 7
sper 6
spil 9
spil(e)n 10
spilman 5
spot 6
sprechen 1
stân, stên 2
starc, starke 7
stat(e) 4
stæte 6
stechen 7
stein 6

Alphabetisches Verzeichnis der Leitlemmata des GWS 169

stiege 9
stolz 9
stœren 8
stôzen 10
strâze 10
strît 4
strîten 8
stunde, stunt 4
sturm 6
süeze 6
sûmen 9
sumer 5
sun 7
sünde 9
sunder 10
suochen 5
suone 10
sus 3
swâ 5
swach(e) 9
swachen 8
swanne, swan, swen 5
swannen 10
swar 8
swære 4
swelch-, swelh- 9
swer/swaz 2
swert 6
swester 7
swie 3
swint, swinde 10

t

tac 2
tal 10
teil 5
tiure, tiuwer 6
tiuren, tiuwern 8
tiusch, diutsch 6
tiuvel, tievel 9
toben 10
tohter 8
tôt 2
tougenlich, -lîche 10

tragen 3
trîben 10
triegen 10
triuten, trûten 10
triuwe, truwe 4
trôst 7
trœsten, trôsten 10
trût 10
trûwen, triuwen, trouwen 9
tugen, tügen 6
tugent 6
tump 9
tuon 1
turren 8
twingen 7
twellen, tweln 10

u

übel(e), ubel(e) 7
über 3
übermüete, übermuot 9
überwinden 8
ûf 2
umb(e) 2
unde, und, unt 1
under 3
understân, understên 10
un-gelücke 10
un-gemach 5
un-gevüege, un-gevuoge 7
un-lanc 10
un-reht(e) 9
un-vuoge 8
unz(e) 2
urloup 9
ûz 3
ûzen, ûze 10

v

vâhen, vân 4

vallen 5
valsch 10
var(e)n 4
vart 6
varwe, var 8
vast(e) 5
vater 5
vaz 10
vehten 6
venster 8
verdagen 9
verderben 9
verdienen 8
verge, ver 7
vergeben 10
vergezzen 7
verkêren 9
verlâzen, verlân 7
verleiten 10
verliesen, vliesen 3
vernemen 3
verre, ver 4
versinnen 8
versûmen 9
vertragen 7
verzagen 9
vest(e) 9
videlære 5
vier, fier 8
vil 1
vinden 2
vischære 10
vliehen 7
vliezen 10
vlîz 7
vluot 10
vogel 6
vogellîn 8
voget, vogt 8
vol, volle, vollen 5
volgen 6
volleclich, -lîche 9
von 1
vor(e) 2
vorhte 9
vrâgen, vrêgen 5

170 Dritter Teil: Alphabetisches Verzeichnis

vremde 9
vreude, vröude 3
vreuwen, vröuwen 8
vrî 9
vrist 7
vriunt 6
vrô 4
vrœlich, -lîche 10
vrouwe, vrou 2
vrum(e) 6
vrümekeit 8
vrumen 8
vruo 7
vüegen, vuogen 9
vüeren 4
vuoz 6
vür(e) 2
vürbaz 9
vürhten, vorhten 6
vürste 4
vürwâr s. wâr

w

wâ, wâr 5
wâfen, wâfenen,
wâfenâ 9
walt 5
wân 5
wande, wanne, wan 1
wange 10
wænen 5
wâr 4
war(e) 4
wârheit 8
wât 8
wætlich, -lîche 6
wê 6
wec 4
weder 6
weinen 5
weise 10
weizgot 10
welch-, welh- 8
wellen 1
wenden 5

wênec, -ic 10
wenne s. wande
wer/waz 2
wer(e) 7
werc 10
werdekeit, wirdecheit
5
werden 1
werfen 9
werlt, werlde 4
wer(e)n 6
werren 6
wert 6
wesen 1
wider 2
wie 2
wîl(e) 6
wîlen, wîlent 6
wille 4
willeclich, -lîche 10
wilt, wilde 7
wint 10
winter 5
wîp 2
wirde 7
wirt 4
wîs(e) 5
wîsen 9
witze 8
wizzen 2
wol 1
wort 6
wunde 7
wunder 7
wundern 10
wünne, wunne 10
wünneclich, -lîche 9
wunsch 10
wünschen 6

z

zehant s. hant
zellen, zeln 10
zemen 5
zerbrechen 7

zesamen(e), zamen 7
zestunde s. stunt
zewâre s. wâr
ziehen 6
zil 10
zît 3
zorn 5
zücken, zucken 9
zuht 7
zunge 5
zuo, z(e) 1
zürnen, zurnen 7
zwêne, zwô 3
zwîvel 9